자 원 봉 사 론

김의영 저

홍 익 출 판 사

머리말

베풀면서 살아 가는 삶

……중풍으로 수족이 불편한 분들의 식사 수발을 들고 정신이 온전치 못하여 늘 어지럽히기만 하는 분들의 방을 치울 때에는 이 분들이 걸어오신 생이 눈에 밟혀 마음 한 구석이 무거웠다. 그래도 사람의 정이 그리워 마냥 붙잡고 싶은 마음을 전할 때에는 코끝이 찡하였다.……어르신들은 마음이 외롭고 몸이 불편하지만 서로를 위하고 배려하는 마음은 눈물겨웠다.……이 분들도 젊은 날에는 생을 열심히 사셨을 터인데 나이 들어 다른 사람의 도움을 받는 모습을 보면서 언젠가 맞게 될 나의 노년을 떠올려 보았다.……시설에서 할 일을 마치고 돌아 올 때 나에게는 큰 사랑이 한 아름 가득하였다.……

<최미경의 자원봉사체험기 '사랑을 배우다' 중에서>

자기가 한 일에 보람을 느끼면서 살아 간다면 이는 매우 소중한 삶일 것이다. 이러한 체험을 직접 시도해 보려 한다면 서슴없이 자원봉사활동을 권하는 바이다.

자원봉사에 참여하는 사람들이 부쩍 늘어 나고 있다. 우리 나라에서도 자원봉사참여율이 해마다 증가하고 있으나 다른 나라에 비하면 아직도 참여율이 저조한 것이 사실이다.

자원봉사에 대한 강의를 해 오면서 자원봉사자의 시각에서 자원봉사를 쉽게 이해할 수 있는 책을 써 보고 싶었다. 몇 해 동안 애써 보았지만 탈고한 후의 마음은 항상 그렇듯이 무겁고 허탈하다. 동학제현의 아량과 편달을 바라고 아울러 이 책을 통해 조금이라도 자원봉사활동의 활성화에 보탬이 되기를 바라는 마음 간절하다.

집필하는 동안 남모르게 이웃을 위하여 항상 베풀며 살아 가는 친구의 모습이 내 머리를 떠나지 않았다. 그는 나이보다 훨씬 젊어 보인다. 베풀며 살아 가는 사람은 마음도 건강하고 몸도 건강해 지는 것 같다.

이 책이 출간되도록 격려해 주신 대학의 관계자 제위, 학문연구에 몰두하도록 질타해 주시는 은사와 가족들, 특히 여름 내내 열심히 도와 준 제자 선미에게 고마움을 전하고 출판사 관계자 여러분께 감사함을 표하는 바이다.

자원봉사활동기본법이 공포되던 해 겨울

金義榮

차 례

제 1 장

자원봉사의 개념

자신이 살고 있는 지역사회의 어려운 이웃을 돕는 인간의 활동은 인류 역사가 시작된 때부터 있어 왔다. 우리의 두레, 향약과 같이 인류는 태초부터 한 공동체 안에서 서로 돕고 힘을 합하는 전통을 유지해 왔다. 그러나 산업화, 도시화가 시작되면서 공동체가 깨지고 반면 국가의 행정기능이 늘어나면서 인간은 점차 이웃과 지역사회를 잃고 소외되기 시작했다. 과거 불이 나면 물동이를 들고 나서던 주민들이 이제는 소방서에 연락만 하고 구경할 뿐이다.

산업화 사회에서 새로 등장한 개념인 자원봉사는 그 점에서 본질적으로는 지역사회 공동체로의 복귀, 또는 회복 노력이라 할 수 있다. 그 공동체 회복 노력은 과거와 같은 농업사회가 아닌 도시 지역사회에서 우리 각자 내 고장을 내 손으로 가꾸고 주위의 어려운 이웃을 돌보자는 협동의 노력이다. 사회복지영역 뿐만 아니라 보건, 교육, 환경, 교통, 문화, 스포츠 및 국제교류 등 제 분야에서 주민이 지역사회의 주인이 되어 그 실천에 앞장서자는 운동인 것이다.

1970년대 오일쇼크이후 정부 재정에 의한 복지시책이 축소되자 어려운 이웃을 돌보는 민간의 자선운동, 자원봉사활동이 활발해졌다. 이 자원봉사 물결은 선진국에서, 아시아에서, 아프리카, 중동 등에서 인종과 체제와 이념을 넘어 전 세계로 뻗어 갔다. 많은 미래학자들은 21세기에는 자원봉사의 사회적 중요성이 더욱 커질 것으로 전망하고 있다. 사실 선진국에서 자원봉사는 사회전반에 급속히 확산되고 있다. 유럽의 경우 국가의 복지기능을 축소하는 대신 민간의 자원봉사 활동을 강조하고 있고 이미 민간복지를 강조해 왔던 미국, 일본 등은 특히 늘어나는 청소년 범죄에 대처해 자원봉사를 아예 교육의 일부로 편입시키는 제도화 노력을 강화하고 있다(李昶浩, 1996:90-92, 1996:132, 이성록, 2003:48).

Ⅰ. 자원봉사의 어의

자원봉사는 '자원'과 '봉사'의 복합어이다. 자원(自願)은 '제 스스로 원함'을 말하고 봉사(奉仕)란 '① 남의 뜻을 받들어 섬김 ② 남을 위해 노력함 ③ 국가·사회를 위하여 헌신적으로 일함 ④ 상인이 손님에게 헐값으로 물건을 팖'으로 풀이하고 있다(이희승, 1982). 따라서 자원봉사의 사전적 의미는 '제 스스로 남·국가·사회를 위하여 헌신적으로 노력하는 것'을 말한다.

자원봉사는 volunteer(자원봉사자), volunteerism(자원봉사활동)에서 따온 말이다(한국복지연구원, 2003:18-19). Webster 사전에 의하면 volunteer 라는 말은 원래 라틴어 'voluntas'에서 유래하였으며, 여기에는 영어에서 말하는 will(의지), choice(선택)라는 말에 해당하는 인간의 자유의지, 곧 마음속 깊은 곳에서 우러나오는 자발적 의사를 내포하고 있다(장인협, 오정수, 2002:469).

또한, 자원봉사자(volunteer)란 voluntas(자유의사)에서 유래한 것으로 여기에 사람을 나타내는 접미사 er이 첨가된 복합어인데 이 말은 자원봉사자라는 의미 외에 소집영장에 의하지 않고 지원하여 군인이 된 지원병을 가리키기도 하고, 식물학에서는 종자를 뿌리지 않아도 자연적으로 자라나는 자생식물, 법률상으로는 다른 사람의 강요에 의하지 않고 스스로 의지에 따라 임의로 행동하는 임의행위자, 생리학에서는 의지에 따라 움직이는 수의근, 그리고 기독교의 경우 목사나 전도사는 아니지만 자발적으로 짝을 만늘어 전도활동을 임의로 하고 있는 사람을 의미하기도 한다(野上芳彦저·李泰榮역, 1982:10).

자원봉사자란, 자신의 자유의지에 의하여 재정적인 보상이 없이 봉사활동을 제공하는 사람을 의미한다(장인협, 오정수, 2002:468-469). 그리고 자원봉사활동이란 이러한 무보수의 개인이나 집단에 의하여 이루어지는 인간서비스를 의미한다(R. L. Barker,1987:173). 자원봉사자라는 말의 원의는 '신에게 선택된 자'로 해석하는 경우도 있다. 신에게 선택된 자란 상대적 위치에서 단순한 자기선택이 아니라 필요에 직면한 자신을 소명으로 이해하고, 자주적 결단을 가지는데 중점을 두고 있다(윤혜승, 1995:14).

기독교에서는 사회봉사라는 용어를 선호하는데 특히 '봉사'에 주목한다. 봉사를 의미하는 헬라어는 'diakonia'이다. 기독교인들이 봉사를 의무로 생각하는 이유는 무엇보다도 예수 그리스도가 봉사하는 자로서 살았으며 봉사의 교훈을 주었기 때문이다. 이웃사람에 대한 사랑을 계명과 복음의 핵심으로 가르치고 실천한 예수 그리스도는 사랑의 행위로 나타나는 모든 실천을 봉사(diakonia)로 일반화시켜 표현하였다(이삼열, 2003:12). 초대교회에 봉사활동의 사명을 맡은 사람을 'diakone(집사)'라 불렀다.

또한 성서의 봉사에는 세속적 봉사, 예배를 통한 봉사, 영적 봉사가 있는데 예배를 통한 봉사에서 예배행위와 회막에서 사용되는 기구들을 각각 service 라 하였다(金基源, 2001:489).

자원봉사활동은 '자원봉사자의 활동'인 것이다. 예를 들어 어느 학생이 길을 가다 우연히 장애자를 돕고서 자원봉사를 했다고 말할 수 있다. 그러나 이는 엄밀한 의미에서 '자원적 봉사(voluntary service)' 이지 '자원봉사자의 활동(volunteer service)'은 아닌 것이다. 꾸준히 봉사에 나서는 자원봉사자의 활동이 되어야 자원봉사활동이 되는 것이다. 한 그룹의 학생들이 우연히 동네 쓰레기를 주웠다면 이는 '자원적 봉사' 활동은 될 수 있어도 '자원봉사자의 활동'은 아니다. 우연히 한 행동이 아니라 의도되고 계획된 활동이어야 자원봉사로 볼 수 있는 것이다(李昶浩, 1996:90-91).

일본에서는 자원봉사활동이라 표현하지 않는다. 무리하게 일역하면 본래의 의미가 달라질 위험성이 있기 때문에 외래어 그대로 볼런티어활동이라는 용어를 사용하고 있다(野上芳彦저 · 李泰榮역, 1982:11).

Random House Dictionary(1987:2131)에서는 volunteerism을 '지역사회 내에서 특별히 자선적, 교육적 혹은 다른 가치 있는 활동을 위하여 자신의 시간이나 재능을 자발적으로 제공하는 실천 활동이나 정책'이라고 풀이하였다(金基源, 2001:490).

Ⅱ. 자원봉사활동의 주체와 객체

1. 자원봉사활동의 주체

주체란 타자에 대하여 자기의 의사를 미치게 하는 행동의 근원자로서 주된 책임을 수반하는 의미를 함축하고 있다.

우리나라 자원봉사활동기본법 제4조에는 국가 및 지방자치단체는 국가 및 지방자치단체의 책무로 국민의 자원봉사활동을 권장·지원하도록 규정하고 있다.

> 제4조(국가 및 지방자치단체의 책무) 국가 및 지방자치단체는 자원봉사활동의 진흥에 관한 시책을 강구하여 국민의 자원봉사활동을 권장·지원하여야 한다.

사회복지사업법 제9조에는 사회복지 자원봉사활동의 지원·육성을 위하여 다음과 같이 규정하고 있다.

> 제9조(사회복지 자원봉사활동의 지원·육성) ①국가 및 지방자치단체는 사회복지 자원봉사활동을 지원·육성하기 위하여 다음 각호의 사항을 실시하여야 한다.
> 1. 자원봉사활동의 홍보 및 교육
> 2. 자원봉사활동프로그램의 개발·보급
> 3. 자원봉사활동 중의 재해에 대비한 시책의 개발
> 4. 기타 자원봉사활동의 지원에 필요한 사항
>
> ②국가 및 지방자치단체는 제1항 각호의 사항을 효율적으로 수행하기 위하여 사회복지법인 기타 비영리법인·단체에 이를 위탁할 수 있다.

국가와 지방자치단체는 주권자로서의 국민을 위한 기관이므로 본질적으로 자원봉사의 주체는 국민이라 하겠다.

자원봉사활동은 누구든지 할 수 있다. 어린이, 초·중·고등학생, 청년(대학생), 부인, 사회인·직장인, 노인, 심지어 장애인도 자원봉사활동을 할 수 있다(野上芳彦, op.cit. 140-159).

현외성(2004:171-210)은 자원봉사의 실천주체를 사회복지기관, 공공기관, 학교, 종교기관, 기업, 시민사회단체(NGO)로 구분하였다.

박차상(2002:109-128)은 사회봉사활동 주체의 유형을 사회봉사단체, 기업, 종교단체, 학교, 개인으로 구분하였다.

류기형 등(2004:249-386)은 자원봉사활동의 인적자원으로 청소년, 노인, 장애인, 주부, 대학, 기업, 시민단체, 종교계, 전문직으로 구분하였다.

김범수 등(2003:117-218)은 자원봉사활동의 주체로 대학, 기업, 아동 및 청소년, 여성으로 구분하였다.

2. 자원봉사활동의 객체

객체란 의사나 행위가 미치는 목적물로서 행위의 대상을 의미한다.

자원봉사활동기본법 제7조에는 자원봉사활동의 범위를 사회복지 및 보건 증진, 지역사회개발·발전, 환경보전 및 자연보호, 사회적 취약계층의 권익증진 및 청소년의 육성보호, 교육 및 상담, 인권옹호 및 평화구현, 범죄예방 및 선도, 교통 및 기초질서계도, 재난관리 및 재해구호, 문화·관광·예술 및 체육 진흥, 부패방지 및 소비자보호, 공명선거, 국제협력 및 해외봉사, 공공행정분야 사무지원, 그 밖의 공익사업의 수행 또는 주민복리의 증진에 필요한 활동으로 구체화하고 있다.

자원봉사활동의 대상은 모든 인간, 모든 영역에서 필요한 것이다. 자원봉사의 대상과 분야는 매우 다양하고 사회변동과정에서 새롭게 생겨나는 경향이 있다.

현외성(2004:211-242)은 자원봉사의 대상과 분야를 아동·청소년, 노인, 장애인, 지역사회일반으로 대별하였다.

박차상(2002:134-173)은 사회봉사활동의 객체와 봉사활동유형을 아동 및 청소년, 노인, 장애인, 여성, 사회·일반인을 위한 사회봉사활동으로 구분하였다.

이혜경·윤찬종(2003:101-120)은 자원봉사활동의 대상과 분야로 아동, 청소년, 장애인, 노인, 사회일반 영역으로 구분하였다.

류기형 등(2004:387-513)은 자원봉사 실제에서 대상별로는 아동, 청소년, 노인, 장애인을 위한 자원봉사활동으로, 활동의 장별로는 병원, 사회복지기관, 사회복지시설, 교정 분야, 지역사회, 국제자원봉사활동으로 구분하였다.

김범수 등(2003:219-312)은 자원봉사활동의 대상으로 노인, 장애인, 정신보건, 사회복지관, 지역사회 등의 자원봉사를 들고 있다.

조휘일(2002:159-192)은 자원봉사활동의 주요대상, 곧 일반적으로 많은 자원봉사자들이 참여하는 사회문제영역의 주요 대상을 아동, 청소년, 노인, 장애인을 들고 있다.

野上芳彦(1982:102-136)은 볼런티어활동의 현장으로 시설, 병원, 어린이회, 심신장애인, 비행·범죄소년, 노인, 지역사회를 들었다.

Ⅲ. 자원봉사활동의 목적과 기능

1. 자원봉사활동의 목적

자원봉사의 목적에 대한 내용을 정리해 보면, 자원봉사의 목적은 ① 지역사회의 복지증진, ② 인간의 복지증진 ③ 개인·집단·지역사회의 여러 사회문제의 영향을 예방·개선하는 일, ④ 공익의 어떤 요소를 증진 또는 촉진시키기 위함 등으로 서술하고 있다. 자원봉사의 목적은 인간의 복지증진 곧, 사회복지의 증진으로 이해할 수 있다.

복지란 종교적 의미로는 소극적으로 생명의 위급에서부터의 구제, 적극적으로는 생명의 무한한 번영을 뜻한다(이희승, 1982).

'welfare'란 'well'이란 부사와 'fare'란 동사의 복합어인 바, well은 '보다 만족스럽게, 보다 훌륭하게, 보다 유복하게'를 뜻하고 fare는 인구어로서 go, pass의 뜻을 지니고 있어 '가다, 지나가다'라는 의미이다. 따라서 welfare는 '평안히 잘 지내는 상태' 곧 물질적 정신적 행복(well-being)을 뜻한다고 하겠다(장인협·오정수, 2002:12).

Concise Oxford Dictionary에 나타난 'welfare'의 뜻을 보면 ① 만족한 상태(satisfactory state) ② 건강과 번영(healthy and prosperity) ③ 안녕(well-being)으로 풀이하고 있다.

복지란 well-being의 의미로서 바람직한 상태를 나타내는 추상적 개념으로서 일반적으로 널리 쓰여 지기도 하나 welfare의 뜻으로서의 복지는

well-being의 실현을 실천하는 특정의 사회적 활동을 가리키는 의미도 있다. fare라는 동사는 진행적인 활동을 강하게 의미하는 내용을 담고 있어 보다 나은 행복에 대한 이념뿐 만 아니라, 그것으로 향한 실천적 행동까지 내포하고 있음을 알 수 있다.

따라서 자원봉사의 목적은 인간의 복지를 증진시키는 데 있는 것이다.

2. 자원봉사활동의 기능

자원봉사활동의 기능에 대한 몇 가지 견해를 제시해 본다. 먼저, 남세진(1992:239-240)은 ① 시설 및 기관 서비스기능 ② 가정 서비스기능 ③ 지역사회형성기능 ④ 비복지적 문제해결과 사회제도의 개발 및 수정 기능 등을 들었고, 현외성(2004:31-36)은 ① 사회공동체의 약화방지 ② 시민교육·복지교육의 증진과 사회참여의 확대 ③ 사회변동에 따른 새로운 욕구의 발생에 대처 ④ 여가선용과 자아실현에 기여 ⑤ 사회문제의 해결과 예방 등을 제시하였으며, 양창삼(1998:36-39)은 ① 개인의 자아실현 기능 ② 시설 및 기관 서비스기능 ③ 가정서비스기능 ④ 지역사회활성화기능 ⑤ 사회정책의 개발과 수정지원기능 ⑥ 복지사회의 구현기능 등을 들었다.

윤혜승(1995:48-56)은 볼런티어활동의 기능을 ① 시설과 볼런티어 ② 지역사회보호와 볼런티어 ③ 지역사회 조직과 볼런티어로 구분하여 설명, 시설에 있어서의 볼런티어활동은 직원을 원조하는 것과 그 사업내용의 보완이라 할 수 있다. 또 볼런티어가 시설 내에서 활동함으로써 시설과 지역사회 사이에 가로놓인 담을 헐고 이해하고 상호 수용하는 것도 중요한 기능인 것이다. 또한, 노인이나 장애인 그리고 요보호아동 등도 지역사회의 일원으로서 다함께 사회 속에서 살아갈 권리가 있고 행복을 누릴 권리가 있다. 그들은 지역사회 주민의 협력으로 지역사회 속에서 보호되어야 하는 것이다. 그리고, 볼런티어는 '우리'라는 위치에서 타인의 문제를 나 자신의 문제로 느끼고 행동하는 사람이다. 다양화된 지역사회를 일체화하는 연대의 구실을 감당함으로써 문제해결에 노력하는 자다. 볼런티어는 인간을 차별하고 소외시키는 조건들을 제거하려고 노력하고 사회개혁에 참여하여 지역사회의 모든 사람의 행복을 추구하는 사람인 것이다.

요컨대, 자원봉사활동의 기능을 자기개발과 사회개발 등 2개 부문으로 구분해 보면, 자기개발과 관련된 자원봉사의 기능으로는 ① 자아실현의 기회 ② 사회성의 개발·강화, 그리고 사회개발과 관련된 자원봉사의 기능으로는 ① 지역사회의 활성화 ② 사회정책의 개발과 수정·지원 ③ 복지사회의 구현 등을 들 수 있다(조휘일, 2002:119-127).

Ⅳ. 자원봉사활동의 특성

자원봉사활동은 공통적인 특징을 구비하여야 하는 바, 이를 공통적인 구성요소 또는 특성이라 일컬어지고 있다.

P. J. Ilsley(1990:7-12)는 자원봉사활동의 구성요소를 ① 이타주의 ② 헌신 ③ 자유의지 ④ 학습 ⑤ 경제적인 무보수성 ⑥ 조직 ⑦ 심리적 이득

⑧ 희생 등 8가지를 지적하였다.

野上芳彦(1982:22)은 일반적으로 볼런티어의 특성으로 들 수 있는 것은 ① 임의성 ② 자발성 ③ 복지성 ④ 무상성 ⑤ 민간 활동 ⑥ 여가의 활용 ⑦ 실천성 ⑧ 장의성의 8개 항목이 있나고 하였다. 오오사카볼런티어협회(1993:30-32)는 그 특성을 ① 자발성 ② 이타성 ③ 무상성 ④ 계획성을 들고 있다.

김영호(2003:33)는 자원복지의 특성은 ① 복지성 ② 자발성 ③ 무급성 ④ 공익성 ⑤ 창조성 ⑥ 조화성 ⑦ 책임성을 가치로 받아들이는데 있다고 하였다.

류기형 등(2004:26-30)은 자원봉사활동의 특성을 제시하면 ① 자발성 ② 이타성 ③ 무급성 ④ 지속성 ⑤ 자아실현성 ⑥ 학습성 ⑦ 헌신성 ⑧ 공공성(복지성) ⑨ 협동성 ⑩ 전문성으로 설명하였다.

삼성사회봉사단(1996:6-7)에서 발간한 '자원봉사 100문 100답'에서는 그 특성을 ① 자발성 ② 공익성 ③ 무보수성 ④ 지속성을 들고 있다.

우리나라 교육부에서 발간한 '학생봉사활동의 이론과 실제'에서는 그 특성을 ① 자발성 ② 이타성, 공익성 ③ 무상성 ④ 계획성, 지속성으로 구분하여 설명하고 있다.

따라서 자원봉사활동의 주요한 특성을 ① 자발성 ② 이타성·공익성 ③ 무상성 ④ 계획성·지속성 등 네 가지로 나누어 살펴본다(교육부, 1996:8-12).

① 자발성 : 봉사활동은 자발적으로 하는 활동이다. 봉사활동은 누가 시킨 일이거나 자기가 마땅히 해야 할 의무는 아니지만, 다른 사람과 사회의 발전에 기여하려는 동기에서 스스로 하는 활동이다. 아무리 옳고 가치

로운 일이라 하더라도 다른 사람이 시켜서 강제로 하는 일은 봉사활동이라고 할 수 없다. 또 자신의 사회적 역할에 따라오는 당연한 의무를 수행하는 일도 봉사활동이라고 할 수 없다.

예를 들어, 벌로 하는 운동장 청소는 그 결과가 학교 환경 개선에 이바지하는 것이지만 자발적인 활동은 아니기 때문에 봉사활동이 아니다. 또 학급에서는 당번을 정하여 학급 일을 하게 되는데, 이러한 당번 활동도 자신의 역할에 따른 임무 수행이므로 봉사활동이라고 볼 수 없다.

② 이타성 · 공익성 : 봉사활동은 타인이나 사회를 위한 활동이다. 봉사활동은 자신 혹은 친족을 위한 활동이 아니라, 그 밖의 타인이나 사회를 위한 활동이다. 봉사활동은 남을 위한 활동, 지역사회의 발전을 위한 활동, 국가의 발전을 위한 활동 더 나아가 전 인류의 번영을 위한 활동이다. 봉사활동은 자기 주변의 어려운 사람들을 돕는 활동에서부터 국제 난민을 돕는 활동에 이르는 이타성과 공익성을 추구하는 활동이다.

인간은 이기적인 본성도 가지고 있지만, 동시에 이타적인 본성도 가지고 있다. 봉사활동은 인간이 가지고 있는 아름다운 본성인 이타성을 실현하는 활동이다.

영리를 목적으로 하는 일을 돕는 것은, 특별한 경우를 제외하고는, 봉사활동으로 볼 수 없다. 예를 들어, 자장면 배달이나 꽃 배달 돕기, 유료 어린이집에서 아기 돌보기 등은 봉사활동이라고 볼 수 없다.

③ 무상성 : 봉사활동은 보수나 대가를 바라지 않고 자신의 시간과 노력을 들여 베푸는 활동이다. 봉사활동은 물질적인 대가나 보상을 기대하고

하는 활동이 아니다. 오직 참으로 남을 돕는다는 정신적인 보람과 만족을 기대하고 하는 활동이다. 경우에 따라서는 교통비나 식사 등과 같이 봉사활동에 꼭 필요한 경비나 물질이 지급될 수도 있으나 그런 것을 기대하고 하는 활동은 참된 봉사활동이 아니다.

우리가 남을 위해 베푸는 것은 크게 세 가지 차원으로 나누어 생각해 볼 수 있다. 첫째, 다른 사람들이 필요로 하는 물질이나 돈을 베푸는 것이다. 둘째, 다른 사람들을 위해 자신의 시간과 노력을 들여 서비스를 베푸는 것이다. 셋째, 가장 높은 차원으로 자신의 생명의 일부를 다른 사람을 위해 베푸는 것이다. 예를 들어, 자신의 장기의 일부를 다른 사람을 위해 내놓는 것이다. 이러한 베푸는 활동은 모두 고귀한 것이다.

최근에 와서는 자원봉사활동에 쓰여 진 교통비나 식사비와 같은 최소한의 경비는 받을 수 있다는 여론도 있다. 일본의 중증장애인 시설에서는 아르바이트와 볼런티어를 혼합한 아르바이티어(arbeiteer)라는 제도를 흔히 볼 수 있다고 한다(野上芳彦, op.cit.:25).

④ 계획성 · 지속성 : 봉사활동은 계획에 의해 일정 기간 지속하는 활동이다. 봉사활동이란 우연적이거나 일시적인 선행과는 구분되는 계획성과 지속성을 가진 활동을 말한다. 선행이란 선한 동기에서 남을 도와주는 행동, 곧 대가나 이익을 바라고 하는 행동이 아니라, 선행 그 자체를 보람있는 것으로 여겨 남을 도와주는 착한 행동을 말한다. 이렇게 볼 때 봉사활동도 선행에 포함된다고 할 수 있다. 그러나 봉사활동은 선행 가운데에서도 특히, 계획에 의해 일정 기간 지속하는 활동이다. 따라서 지하철에서 우연히 앞에 서 있는 할머니께 자리를 양보했다든지, 어느 날 한 번

학교에 오는 길에 쓰레기를 주었다면, 그러한 행동들은 선행이라고 할 수는 있지만 봉사활동이라고 보기는 어렵다.

여기서 말하는 봉사활동이란 자기 스스로 계획하여 지속적으로 활동을 펼치는 적극적 봉사라 할 수 있다. 적극적 봉사란 자기가 마땅히 해야 할 일은 아니지만, 사회를 위해 자신의 돈이나 시간, 노력 등을 들여 활동을 펼치는 것을 말한다. 이러한 적극적 봉사활동은 계획적이고, 지속적인 활동으로 나타난다.

계획적이고, 지속적인 봉사활동을 통해 봉사 대상자를 더 잘 이해하고, 필요한 지식이나 기술에 능숙해져서 더 좋은 봉사활동을 펼칠 수 있다. 그리고 자원봉사자는 지속적인 활동을 통해 남을 돕는 태도를 내면화하고, 봉사하는 생활습관을 기를 수 있다. 계획적이고, 지속적인 봉사활동을 펼치기 위해서는 개인 수준의 활동 보다는 단체나 조직을 통한 활동이 효과적이다.

V. 사회복지와 자원봉사

사회복지(social welfare)란 인간의 행복을 증진시키기 위하여 정부나 민간단체들이 여러 가지 프로그램이나 사회적 서비스 또는 제도를 통해서 사회적 역기능을 예방하고 줄이기 위한 체계적·조직적인 노력이며 실천활동이다(全宰一외, 1990:12).

사회복지를, 복지를 추구하기위한 사회적 노력이라 할 때 복지와 사회적 노력은 이론과 실천성을 지니고 있기 때문에 그 개념은 고정불변하지 않고 가변적인 것으로 이해된다. 전통적인 사회복지의 개념으로 자선사업과 박애사업 등을 들 수 있다.

자선사업(charity)은 어려운 사람을 불쌍히 여기는 인간의 본능적 행위이며 신의 은총에 대한 보답적 행위이다. 따라서 수혜자에게 나타나는 결과보다는 주관적인 봉사에 목적이 있는 사업이다. 박애사업(philanthrogy)은 인도주의적 관점에서 형성되는 이타적 행위로서 행위자는 경제적 능력을 가진 사람이다. 이것은 경제적 우월자의 의식이 사회적 구제의 방향으로 향하게 될 때 나타나는 행위의 실천을 의미한다.

자원봉사와 박애사업은 자선사업에서 갈라져 나온 것이란 견해도 있다(삼성사회봉사단, op.cit.:7).

charity의 어원과 의미는 'caritas' 즉 기독교적인 사랑(christian love)이다. 중세까지 종교계에 맡겨졌던 자선사업은 산업혁명으로 도시화 현상이 일어나고 빈민계층이 증가하여 더 이상 빈민구호와 복지문제를 교회의 몫으로만 맡길 수 없게 되자 자연스럽게 기업중심의 기부활동(philanthropy)과 일반 시민중심의 자원봉사(volunteer)로 역할이 분담되게 되었다는 것이다.

W. A. Friedlander(1974:535-536)에 의하면 사회복지사업의 모든 영역에 있어서 자원봉사자가 그 영역의 개척자였다. 집단사회사업, 개별사회사업에서 뿐만 아니라 보건서비스와 지역사회조직사업에 있어서도 유급의 전문적인 사회복지사가 업무를 수행하기 전에 항상 자원봉사자가 그 일을 담당하였으며 오늘날에는 사회복지사와 자원봉사자가 상호 협조체제를 유지함으로써 효율적으로 업무를 수행할 수 있다고 하였다.

오늘날 사회복지의 전문성이 강조되고 있지만 그 역사는 그리 오래지 않다(金泳謨, 1977:31). 사회복지기관에서는 전문성이 요구되는 업무도 있고 비전문가인 자원봉사자가 해결할 수 있는 일도 있다. 전문직인 사회복지사는 고도의 지식과 훈련이 요구되는 클라이언트의 가족관계 등과 관련된 정서적인 문제와 동기·행위 등의 보다 깊이 있고 복잡한 문제를 다루어야 하고, 자원봉사자는 인간적인 관계를 통하여 친절한 접촉으로 임기응변식으로 도와주는 것이다. 자원봉사자는 지역사회봉사와 사회행동을 위해서는 전문직보다 효과적인 경우도 있다(金泳謨, 1982:153)

전문직 활동(professionalism)은 어떤 특정한 기관에서 보수를 받으며 할당된 일에 거의 모든 시간을 보내며, 전문적인 지식이나 경험을 근거로 직무를 수행함으로써 기관의 목적 달성에 이바지하는 반면, 자원봉사활동(volunteerism)은 고용이나 보수와 관계없이 자신의 시간을 할애하여 자유의사에 따라서 흥미와 관심을 가지고 참여하는 활동(장인협·오정수, 2002:468-469)이라 하겠다.

Ⅵ. 자원봉사활동의 정의

자원봉사에 대한 정의를 내리기 전에 자원봉사의 통칭되고 있는 사회봉사에 대해 살펴보고자 한다. 자원봉사와 사회봉사는 봉사활동이라는 점에서 같은 개념으로 이해될 수 있다면 자원봉사활동이 봉사자의 자발성,

활동의 주체에 초점을 두는 용어라면 사회봉사활동은 봉사자의 의무, 활동의 객체의 초점을 둔 용어라 할 수 있다.

사회봉사는 자원봉사보다는 자발성이 약하거나 의무감, 강제성이 가미된 뉘앙스를 지니고 있다. 기업에서는 봉사활동경력자에게 인사우대제를 실시하며 대학에서는 봉사활동을 학점으로 이수하도록 하고 있다. 종교계에서는 특히 기독교에서는 사회전체를 대상으로 봉사하는 것을 신도의 책무로 여긴다. 따라서 기업·대학·기독교에서는 사회봉사라는 용어를 더 선호하는 경향이 있다(현외성·조추용·박차상, 2002:15-16, 김통원, 2001:11).

우리나라 형법에는 형의 집행을 유예하는 경우에 사회봉사 등을 명할 수 있게(법 제62조의 2) 규정하고 있고, 소년법에도 일정한 보호처분을 받은 16세 이상소년에 대하여는 사회봉사명령을 명할 수 있게(법 제32조) 규정하고 있다.

한편, 영국에서는 social services라는 용어를 사회복지의 보편적 서비스의 총칭으로 사용하고, 한정된 사회복지는 social service로 라는 용어를 사용한다(金德俊외, 1970:39, 盧昌燮, 1971:29, 金泳謨, 1976:3, 張仁協, 1984:7). 다시 말하면 사회복지라는 말은 일반적으로 미국에서는 social welfare로, 그리고 영국에서는 social services로 통용되고, 사회사업은 미국에서는 social work으로, 그리고 영국에서는 social service로 통용되고 있다(金相圭외, 1982:19). 따라서 social services, social service는 자원봉사와 통칭되는 사회봉사와는 다른 개념임을 알 수 있다.

자원봉사자(volunteer)와 자원봉사활동(volunteerism)의 여러 정의를 살펴본 다음 자원봉사에 대한 정의를 내리고자 한다.

자원봉사자에 대한 몇 가지의 정의를 살펴보면 ① 미국사회복지사협회

(NASW, 1995:2483): 자원봉사자란 개인, 집단, 지역사회의 여러 사회문제의 영향을 예방·개선하는 일에 종사하는 공사의 여러 조직체에서 주어진 서비스를 제공하는 개인이다.

② 일본의 사회복지사업사전(1977:7): 자원봉사자란 사회복지사업 또는 그것과 관련된 일을 한 후 반대급부를 요구하지 않고 자의로 사회복지의 향상을 위한 활동을 하는 사람이다.

③ 한국사회복지편람(1977:263): 자원봉사자란 지역사회의 복지증진을 위해 일하는 집단이나 기관의 책임 일부를 감당하는 자로서 노력의 대가를 받지 않고 자발적으로 봉사하는 사람이다.

④ M. McGregor & S. James(1982:1): 자원봉사자란 금전적인 보상 없이 또는 어떤 경우는 최소한의 사례금을 받고 다른 사람에게 서비스, 기술, 시간, 경험을 제공하는 사람이다.

자원봉사활동에 대한 몇 가지의 정의를 살펴보면 ① 영국의 자원봉사센터(1997:155): 자원봉사활동이란 자신이나 그의 가족이 아닌 다른 사람을 위해 직접적인 보상 없이 그리고 국가나 기관에 의해 요구되는 것이 아닌 자유로운 선택에 의해 수행되는 활동이다.

② R. E. Hardy & G. Cull(1973:5): 자원봉사활동이란 모든 사람이 행복하게 살아가는 복지사회 실현을 위하여 자발적으로 반대급부없이 참여하는 사람이나 조직의 체계적인 실천노력이다.

③ 한국사회복지협의회(1987:1) 자원봉사활동이란 사회문제의 예방 및 해결 또는 국가의 공익사업을 수행하고 있는 공사의 공식조직에 자발적으로 참여하여 영리적 반대급부를 받지 않고서도 인간존중의 정신과 민주

주의 원칙에 입각하여 낯선 타인들을 상대로 필요한 서비스를 제공함으로써 사회의 공동선을 고양시킴과 동시에 이타심의 구현을 통해 자기 실현을 성취하고자 하는 활동이다.

④ 자원봉사활동기본법 제3조(정의): 자원봉사활동이라 함은 개인 또는 단체가 지역사회·국가 및 인류사회를 위하여 대가없이 자발적으로 시간과 노력을 제공하는 행위를 말한다.

요컨대, 자원봉사활동은 자원봉사자에 의한 활동으로서 이를 정의해 보면 '인간의 복지를 증진시키기 위하여 개인이나 단체가 자원하여 무상으로 계획에 의해 일정기간 지속하는 봉사활동'인 것이다. 이러한 자원봉사활동을 실천하는 개인을 자원봉사자라 한다.

❖ 참 고 문 헌 ❖

교육부, 학생봉사활동의 이론과 실제, 1996.

金德俊 외4인, 新社會事業概論, 韓國社會福祉研究所, 1970

金基源, 기독교사회복지론, 大學出版社, 2001.

김범수 외9인, 자원봉사의 이해, 학지사, 2003.

金相圭·尹旭·全宰一, 社會福祉論, 螢雪出版社, 1982.

金泳謨, 社會福祉의 自主的 摸索, 平民社, 1977.

______, 韓國社會福祉論, 經文社, 1976.

______, 韓國人의 福祉意識, 一朝閣, 1982.

김영호, 자원복지의 이론과 실천, 현학사, 2003.

______, 자원복지, 홍익재, 1996.

김통원, 사회봉사론, 성균관대학교출판부, 2001.

남미애, "우리나라 자원봉사활동 체계모형개발에 관한 연구" 부산대학교대학원 박사학위논문, 1997.

盧昌燮, 社會事業概論, 새글사, 1971.

류기형 외5인, 자원봉사론, 양서원, 2004.

삼성사회봉사단, 자원봉사 100문 100답, 1996.

윤혜승, 볼런티어활동의 정신, 학문사, 1995.

이삼열 엮음, 사회봉사의 신학과 실천, 한울, 2003.

이성록, 자원봉사활동, 학문사, 2003.

李昶浩, "선진국 자원봉사와 우리의 과제", 중앙일보사, 시민사회 자원봉사의 길 -개념편-, 1996.

______, "외국 자원봉사의 경향", 중앙일보사, 시민사회 자원봉사의 길 -개념편-, 1996.

장인협·오정수, 아동·청소년복지론, 서울대학교출판부, 2002.

______, 社會福祉概論, 韓國社會開發研究院, 1984.

전광현, "기독교와 자원(사회)봉사" 서울사회복지연구 제5호

全宰一 外共著, 社會福祉論, 螢雪出版社, 1990.

조휘일, 현대사회와 자원봉사, 홍익재, 2002.

최순남, "디아코니아를 통한 선교적 과제" 한신대논문집 제13집.

韓國社會福祉協議會, 韓國社會福祉便覽, 1977.

한국복지연구원, 현대사회의 자원봉사론, 유풍출판사, 2003.

현외성, 자원봉사론강해, 학지사, 2004.

______ · 조추용 · 박차상, 대학사회봉사론, 유풍출판사, 2002.

Aves, G. M., The Voluntary Worker in the Social Services, Sage Publication, 1969.

Friedlander, Walter A. Introduction to Social Welfare, N. J.:Prentice - Hall Inc., 1974.

Hardy, R. E. & Cull, J. G., Applied Volunteerism in Community Development, Springfield Illinois:Charles C. Thomas Publisher, 1973.

Ilsley, Paul J., Enhancing the Volunteer Experience, California:Jossey_Bass Publishers, 1990.

McGregor, M & James, S., For Love Not Money, Victoria:Dove Commumication, 1982.

NASW(National Association of Social Workers), Encyclopedia of Social Work, Washington D.C.:NASW Press, 1995.

Random House Dictionary of the English Language, 1987.

Robert L. Barker, The Social Work Dictionary, NASW, 1987.

Smith, J. D., Rochester, C, & Hedley, R., An Introduction to the Voluntary Sector, London:Routledge, 1995.

大阪ボラソテイア協會, ボラソテイア活動の理解, 1974.

______________________, ボラソテイア—參加する福祉, 京都:ミネルヴァ書房, 1993.

塚本哲 · 大塚達雄 外 2人共著, 新版社會福祉事業辭典, ミネルヴァ書房, 1977.

野上芳彥 著 · 李泰榮 徐錫達 共譯, ボラソテイア活動, 大邱大學校出版部, 1982.

제 2 장

자원봉사의 이념적 정초

Ⅰ. 자원봉사의 종교적 기반

인간의 복지를 증진시키기 위하여 아무런 보상 없이 자발적으로 실천하는 계획적인 행위는 인류역사와 더불어 있어온 터다. 이웃의 어려움을 모른 척하지 않고 남에게 베풀고 더불어 살아가는 자원봉사자는 파괴된 인간관계와 공동체적 질서를 회복하고 사회적 연대감과 이웃을 사랑하는 따뜻한 마음으로 행동함으로써 인간과 사회를 구원해야 할 소명을 자각한 선각자인 것이다.

자원봉사자의 실천적 행동의 기반은 사랑이다. 자원봉사활동의 기반이 되는 유교·불교·기독교 및 우리나라 고유사상에 대해 살펴보고자 한다.

1. 유교의 자혜사상

공자의 광범한 사상을 관통하는 하나의 핵심적 사상이 있는 바, 그것이 '인'임에 틀림없다.

유가는 공자 이전부터 이미 '예'교육의 전통 속에서 출발하였으므로 인은 예와 무관하지 않다. 공자는 제자 안연의 인을 행하는 방법에 대한 질문에 '克己復禮爲仁(극기복례 - 과도한 욕망을 누르고 예절을 좇도록 함 - 하는 데서 인이 이루어진다)'이라 하였다. 극기의 수양을 선행조건으로 하는 점 때문에 인은 '忍(참음)'을 전제한다고 간혹 해석되지만 예와 연관되어 고려되는 성격으로 본다면 이것은 타인과의 관계를 예상하고 표명되는 개념이다. 타인과의 관계를 고려하여 공자는 바로 인이란 곧 '사람(남)을 사랑하는 것(愛人)'이라고 주장했다(윤사순, 2000:2). 또 번지가 인을 물었을 때 '사람을 사랑하는 것'이라고 했다(樊遲仁問 子日人愛, 논어-안연편). 그러나 공자는 인을 우주의 본질로 간주하고 있으므로 인간을 사랑하는 사람이라고 해서 모두 인자(仁者)라고 보지는 않았다. 사람을 사랑하는 행위에는 타산이 있을 수 있으며 꾸미고 가장할 수도 있다. 이는 진정한 의미의 사랑이 아니다. 때 묻지 않은 질박한 인간 본성의 표현으로써 사무사(思無邪, 마음에 조금도 나쁜 일을 생각함이 없는 것)의 마음으로 우주의 도에 따르는 것을 인이라 설명하였다(金泳鎬, 1997:78).

유교의 자혜사상의 기점은 인이다. 사람을 사랑하는 것, 널리 백성에게 베풀고 백성을 구제하는 것, 또 소극적인 뜻으로서는 자기가 하고 싶지 않은 일을 남에게 시키지 말 것이며 적극적인 뜻으로서는 자기가 서고 싶으면 남도 세워주고 자기가 어떤 목적을 이루고 싶으면 남도 이룰 수 있도록 해주는 것이라고 하여 자기를 척도로 삼아 남을 헤아리는 동정의 도리 즉 혈구지도(絜矩之道)를 인의 실천방법이라 하였다.

그리고 공자의 최고 이상정치사상은 대동사상이다. 그는 대동을 이렇게 설명한다(張壎, 1984:55-56).

> ……대도가 행하여 졌을 때는 천하가 공공의 것이고 현량한 사람을 선발해 쓰고 재능이 있는 사람에게 일을 맡기며 신의를 강구하고 화목을 추구한다…… 그리고 늙은이는 여생을 보낼 수 있게 해 주고 청장년은 일을 할 수 있게 하고 어린이는 성장할 수 있게 하고 늙은 홀아비·늙은

> 홀어미·고아·자식 없는 늙은이·병든 자들이 다 양호를 받게 해주었으며 남자는 직분을 갖게 하고 여자는 가정을 갖게 해 주었다…… 그래서 밖에 문을 마련하면서도 그것을 잠그지는 않았던 것이다. 이것을 대동이라 한다.

맹자는 도덕적 인간관을 기반으로 하여 인은 '금수의 마음'과는 다른 '사람다운 마음'이라 정의하였다. 그는 인간의 인간다운 마음은 '仁·義·禮·智'의 덕목으로 구분, 인의 단은 '惻隱之心'이며 의의 단은 '羞惡之心'이고, 예의 단초는 '辭讓之心'이며, 지의 단초는 '是非之心'이다. 인성은 선한 것으로 이는 선천적 도덕성으로 인·의·예·지는 본래부터 인간에게 내재하는 것으로써 인간인 이상 누구나 다 이러한 본질을 구비하고 있다. 그러므로 선천적 도덕성으로서의 인간은 사단을 충실히 넓혀가는 것이 곧 수양인 것이다. 특히, 그는 인간의 측은한 마음을 인의 본이라고 보았다(孟子, 梁惠王 上, 張𤊙, 1984:56).

> 인간은 누구나 남의 고통을 차마 보지 못하는 마음을 가지고 있다. 이 측은한 마음은 인의 단이요. 인간이 이 마음을 확충시킬 수 있다면 …… 자기 어른을 어른대접 하듯이 남의 집 어른도 그렇게 대접하고 자기 어린이를 어린이로서 보살펴 주듯이 남의 어린이도 그렇게 보살펴 줄 수 있으니…… 이렇게 되면 천하라도 보전할 수 있다.

맹자는 무력으로 인을 가장하는 것은 패도라 하고 도덕으로 인을 실행하는 것을 왕도라 하였다. '힘으로 사람을 복종시키는 것은 마음으로 복종시키는 것이 아니며 힘이 부족하니까 복종하게 된다. 그러나 덕으로 사람을 복종시키는 것은 사람이 진심으로 기뻐서 복종하는 것이다. 예컨대 70 제자들이 공자에게 복종하는 것과 같다'고 하여 왕은 모든 백성들의 욕망을 알아서 백성들과 같이 즐긴다면 이것이 왕도정치라 하였다.

이와 같은 유교의 인, 대동사상, 측은지심, 왕도정치 등의 자혜사상은 봉건지배자로부터 민간의 독지가에 이르기까지 장대한 자혜활동 전개의 근원이 되었던 것이다.

2. 불교의 자비사상

불교의 가르침은 최고 가치로서의 반야(부처의 지혜)와 반야의 실천으로서의 자비를 두 기둥으로 삼고 있다. 부처가 된다는 것과 자비를 베푸는 것은 별개의 것이 아니라 둘이면서 하나인 것이다. 즉 중생을 구제하지 않고는 부처가 될 수 없고 부처가 되는 것은 중생을 구제하기 위한 것이다(林松山, 1983:86, 金泳鎬, 1997:75, 李甲德, 1985:3).

'불심이란 대자비를 뜻한다.'는 말은 불교가 자비의 종교임을 잘 표현해 주고 있다. 원래 자비란 '자'와 '비'의 복합어이다. 龍樹는 자비에 대해 이렇게 말하였다(張壎, 1981:8).

> 大慈라 함은 一切 衆生에게 안락을 주려는 마음이고 大悲란 一切 衆生의 苦痛을 제거하려는 마음이다. 또 大慈란 喜樂의 인연을 중생에게 주는 것이며 大悲는 離苦의 인연을 중생에게 주려는 마음이다.

자비는 증오에 대립되는 세속적인 사랑과는 구별되게 이를 초월한 청결한 사랑이며 자는 부의 사랑, 비는 모의 사랑으로 일체중생을 친자식같이 외아들 같이 평등하게 보고 사랑하는 것이다.

자비의 실천은 타인을 자기 속에 전향시키는 것이며 自他不二의 평등성이 그 특징이다. 따라서 결코 강자가 약자를 천시 동정하여 원조하는 것이 아니라 인격적 우월 상하 관념을 초월하여 절대적인 가치를 추구하는 것이다(守屋茂 저·林茂根 역, 1980:9). 즉 타인의 고통을 곧 나의 고통으로 공감하는 동체대비의 사상이 사회복지적 실천으로 나타나는 것이다.

대중과 함께 생활하며 대중을 위하여 모든 중생을 구제하는 自利와 他利行에 정진한 불도수행자를 대승불교에서는 보살이라 하고 그의 인격적인 실천활동을 보살도라고 한다. 보살이 행해야 하는 기본적인 실천덕목으로서 6파라밀이 있다. 즉 ① 보시(남에게 조건 없이 베풀어 주는 것) ② 지계(계율을 준수하고 자신을 반성함) ③ 인무(갖은 어려움과 박해를 참음) ④ 정진(쉬지 않고 행동으로 실천함) ⑤ 선정(참선하여 삼매경에 이름) ⑥ 지혜(참된 지혜를 밝히는 것)가 그것이다.

그 중에서 보시를 제일가는 덕목으로 삼는 바, 보시에는 법시, 무외시, 재시가 있다. 법시(타일러 깨달음을 베푸는 것)와 무외시(계행에 따라 온갖 두려움에서 중생을 건져주는 일)는 정신적인 안정과 신앙을 확립하기 위한 것이고 재시는 빈궁자에게 음식과 생활 자료를 시여하는 것을 말한다. 보시의 목적과 참된 보시행에 대하여 優婆塞戒經에는 다음과 같이 밝히고 있다(張壎, 1981:9-10).

布施하는 것은 중생을 불쌍하게 생각하는 마음이 있기 때문이며 남을 안락하게 해주기 위함이며 남들에게도 보시의 마음이 생기도록 하기 위함이며 여러 가지 번뇌를 끊기 위함이며 有漏(번뇌에 얽매인 속세의 사람)를 끊기 위함이다.……보시를 실천함에 있어서 보은이 있을 것을 기대하여 행하지 않으며 善名을 유포하기 위해 하는 것이 아니며 재물을 없애기 위한 것도 아니다. 가진 것이 많기 때문에 하는 것도 아니며 쓸 곳이 없기 때문도 아니며 법이 있기 때문에 또는 친하기 때문에 하는 것도 아니다.

또한 보살은 자비의 실천활동으로 福田行을 실천한다. 복전이란 복을 생산하는 밭이란 뜻으로 밭에 씨를 뿌리면 마침내 잎이 나고 가지가 생겨 결국에는 열매를 맺는 것과 같이 미래의 행복을 얻기 위해 선행의 씨앗을 뿌리는 행위를 복전행이라 한다. 보시의 대상이라 할 수 있다(李載昌, 1979:51, 張壎, 1981:37).

복을 심는 대상으로 처음에는 佛을 최고의 복전으로 생각했고 점차 佛法僧의 삼보를 복전이라 하였다가 성문, 연각, 보살로부터 부모, 스승 그리고 빈궁자, 고독자, 축생, 병자 등 모두가 복전이 되었다. 그래서 복전에는 2복전, 3복전, 4복전, 5복전 7복전, 8복전 등이 있는 바, 그 내용을 3가지로 분류할 수 있다(李甲德, 1985:28).

① 불법승의 3보에 귀의 공양하고 사찰을 건립하는 경전, 부모와 스승에 대해 공양 효도하는 은전
② 노인, 병자, 빈궁자, 장애인, 여행자 등에 대한 보시, 구제 등의 비전
③ 길가에 샘 파는 일, 물가에 다리 놓는 일, 험한 길을 닦는 일, 배를 만들어 물을 건너 주는 일, 그늘을 조성하는 일, 변소를 짓는 일, 객

사를 지어 여행자에게 편의를 제공해 주는 일 등의 공공사업

복전이란 미래의 복을 받기 위한 전제로 이기적이고 반대급부를 예상하여 요구하는 느낌이 있지만 근본 취지는 그렇지 않다. 果報를 예상해서 행하는 것은 참된 보시가 아니며 진실한 자비심에서 아무런 집착이나 분별력 없이 보시할 때 그 과보는 송아지가 어미 소를 따르듯이 이루어지고 미래 과보를 바라고 행하는 보시는 시장에서 물건을 사고파는 행위와 같다(대한불교조계종역경위원회, 358-359).

3. 그리스도교의 자선사상

인간은 하나님에 의해 하나님의 형상대로 창조되었으며 하나님이 지으신 천지만물은 인간의 지배에 위임되었다.

> 하나님이 자기형상 곧 하나님의 형상대로 사람들을 창조하시되 남자와 여자를 창조하시고(창세기 1:27)

> 모든 사람은 하나님의 모습으로 창조되었으니 서로 사랑하라 즉 너 자신과 이웃이 모두 하나님(天主)의 모습을 닮도록 노력하라(카톨릭대사전 제1편).

그러므로 모든 인간은 하나님 앞에서는 평등하고 존엄한 인격을 가진

존재인 것이다. 그들은 정신적, 신체적 그리고 물질적으로 인간답게 살 권리를 지닌 존재이기 때문에 '너희 이웃을 네 몸과 같이 사랑하라'고 하였다.

그리스도교에서는 불행한 자들과 나누어 가짐으로 자선을 베풀도록 촉구하고 있다. 가난한 사람, 객, 고아, 과부, 병자, 노예 등에 대하여 사랑으로 도우라고 권고한다(B. J. Piccard, 1979:27-28, 朴錫敦, 1981:9, 金鍾煥, 1982:5-33).

> 너는 과부나 고아를 해롭게 하지 말라 네가 만일 그들을 해롭게 하므로 그들이 내게 부르짖으면 내가 반드시 그 부르짖음을 들을 지라 나의 노가 맹렬하므로 내가 칼로 너희를 죽이리니 너희 아내는 과부가 되고 너의 자녀는 고아가 되리라 내가 만일 너와 함께 한 나의 백성을 가난한 자에게 돈을 꾸이거든 너는 그에게 채주같이 하지 말며 변리를 받지 말 것이며(출애굽기22:21-25)

> 매 삼년 끝에 그 해 소산의 십분의 일을 다 내어 네 성읍에 저축하여 너의 중에 분깃이나 기업이 없는 레위인과 네 성읍에 우거하는 객과 및 고아와 과부들로 와서 먹어 배부르게 하라 그리하면 네 하나님 여호와께서 너의 손으로 하는 범사에 네게 복을 주시리라(신명기14:28-29)

구약성서에서는 가난한 자와 객, 고아, 과부 등의 고통에 대한 생존권을 확보해 주고 이들에 대한 사회연대성을 강조하고 있다. 뿐만 아니라 이민자의 보호(출22:21), 노예해방(출21:2-4) 그리고 우연한 살인 또는 부지 중의 살인인 경우 그 살인자를 보호하기 위한 도피성(신19:4-5), 레위인과 객, 고아, 과부 등의 빈곤화 현상을 해결하기 위한 십일조(신26:12), 이웃에게 꾸어준 빚을 매 칠년 끝에 면제해 주고(신15:1-10) 노예도 7년째 자유를 주는(신10:12) 면제년, 매 50년이 되는 해 토지(레25:23-28)나 가옥(레25:31)을 팔았던 농민들은 그 재산을 되돌려 받고 동족으로 가난하여 육체노동을 제공하는 자는 신분을 환원해 주는(레25:39-41) 희년 등의 규정이 있었다.

그리스도교의 하나님은 우주의 창조자이며 모든 존재의 근원으로 자존하는 신으로서 그의 본질은 일언하여 사랑(agape)이다. 하나님의 사랑은 그의 존재와 떨어져 있는 별개의 것이 아니라 바로 하나님의 존재 그 자체로서의 사랑이다. 하나님은 그 사랑으로써 세상의 창조와 구원의 사업을 이룩하는데, 그 사업은 바로 인류의 역사 속에서 구현되는 것이다.

예수 그리스도는 무엇보다 사랑을 강조하였다. 예수의 종교는 사랑의 종교요, 그의 신은 사랑의 신이다. 예수 그리스도는 무조건의 사랑, 차별없는 사랑을 설교하였다.

> 율법 중에 어느 것이 크나이까 예수께서 가라사대 네 마음을 다하고 목숨을 다하고 뜻을 다하여 주 너의 하나님을 사랑하라 하셨으니 이것이 첫째 되는 계명이요 둘째는 그와 같으니 네 이웃을 네 몸과 같이 사랑하라 하셨으니 이 두 계명이 율법과 선지자의 강령이니라(마태복음 22:36-40).

> 내 계명은 곧 내가 너희를 사랑하는 것같이 너희로 서로 사랑하라 하는

이것이니라(요한복음 15:12).

인류는 누구나 다 동포다. 그들은 하나님 아버지의 아들이기 때문이다. 천대받는 노예, 빈민, 부녀자, 어린이를 사랑해야 한다고 하였다. 특히 어린이의 사랑은 유별하다. 나를 해친 적이라 할지라도 사랑하라고 가르쳤다.

> 또 네 이웃을 사랑하고 네 원수를 미워하라 하였다는 것을 너희가 들었으나 나는 너희에게 이르노니 너희 원수를 사랑하며 너희 핍박하는 자를 위하여 기도하라(마태복음 5:43-44)

예수 그리스도는 이웃을 사랑하되 네 몸과 같이, 자기를 사랑하듯이 하라고 하였다. 이웃을 네 몸과 같이 사랑하라는 것은 실천적으로 보면 타인이 그 자신의 목적을 가진 독립된 존재로서 존중하며 자기의 수단만을 위하여 쓰려고 생각하지 말라는 것이다. 즉 타인 가운데서 하나님의 영상을 인정하여 그 인격을 존중하고 자기와 평등한 존재로 대하라는 것이다(飯島幡司 著·趙基勳 譯, 1982:127).

바울은 고린도사람들에게 보낸 편지 가운데 사랑의 복음을 다음과 같이 나타내었다.

> 내가 사람의 방언과 천사의 말을 할지라도 사랑이 없으면 소리 나는 구리와 울리는 꽹과리가 되고 내가 예언하는 능이 있어 모든 것을 구제하고 또 내 몸을 불사르게 내어 줄 지라도 사랑이 없으면 내게 아무 유익이 없느니라. 사랑은 자랑하지 아니하며 교만하지 아니하며 무례히 행하지 아니하며 자기의 유익을 구치 아니하며 진리와 함께 기뻐하고 모든

> 것을 참으며 모든 것을 믿으며 모든 것을 바라며 모든 것을 견디느니라 사랑은 언제까지든지 떨어지지 아니하나 예언도 폐하고 방언도 그치고 지식도 폐하리라(고린도전서 13:1-8).

위대한 자나 가난한 자를 묻지 않고, 회의적인 자나 단순한 자를 묻지 않고 역사를 통하여 부단히 그리스도교로 많은 사람들을 인도한 것은 이 정신이 있었기 때문인 것이다.(韓基彦, 1980:68, 金善陽, 1989:63). 그리스도교는 하나님의 사랑이 가장 중대했고 이웃에 대한 사랑은 처음부터 박애주의 적이었다. 그리스의 철학은 주로 지배계급의 윤리임에 대하여 그리스도교는 주로 괴로워하는 사람, 가난한 사람, 하층 계급의 신앙이었다(崔載喜, 1978:61).

초대교회에서는 교인수가 많아지자 사도들만으로는 구제하는 일을 원활하게 할 수 없었다. 그래서 그 일을 담당할 집사(Diakon, Deacon)를 택하였다.

> 열 두 사도가 모든 제자를 불러 이르되 우리가 하나님의 말씀을 제쳐놓고 공궤(음식을 줌)를 일삼는 일이 마땅치 아니하니 형제들아 너희 가운데서 성령과 지혜가 충만하여 칭찬 듣는 사람 일곱을 택하라 우리가 이 일을 저희에게 맡기고 우리는 기도하는 일과 말씀 전하는 것을 전무하리라 하니(사도행전 6:2-4).

교회의 사회적 책임이 가장 현실적으로 실천될 수 있는 방법은 사회봉사이다. 봉사(diakonia)는 교회의 기능 가운데 하나이다. 지극히 작은 소자 하나에게 도움을 준 것이 곧 예수를 섬기는 일이라고 하는 양과 염소의 비유(마 25:31-46), 불행을 당한 형제를 돕는 것이 곧 이웃을 사랑하는 길이라고 하는 선한 사마리아인의 비유(눅 10:25-37). 가난한 사람을 돌보지 않는 사람이 겪게 될 비극을 말하는 거지 나사로와 부자의 비유(마 19:16-22) 등은 모두 교회의, 그리고 기독교인의 봉사적 책임은 결국 이웃에 대한 사랑의 실천, 돌봄과 도움의 실행으로 열매 맺어야 한다는 것을 함축적으로 강조하는 교훈이라 하겠다(이원규, 2003:157).

4. 우리나라 고유의 홍익사상

신화는 신의 세계를 풀이한 것이지만 그 신은 실상 인간의 영웅을 신화화한 것이요, 인간의 생활을 신화한 것이므로 신화는 곧 원시인의 생활과 꿈, 곧 이상의 반영인 것이다. 그러므로 신화는 신의 이야기가 아니라 도리어 인간이 터득하고 만든 원초의 인간 이야기인 것이다. 따라서 신화는 인간이 발견한 정치, 사회, 과학, 문학 및 역사의 원형으로서의 의의를 지닌다(趙之薰, 1964:50).

우리나라의 단군신화에 대한 기록은 삼국유사와 제왕운기 등에서 나타난다.

삼국유사(李丙燾 역, 1983:76)의 고조선조에서는 이렇게 말하고 있다.

옛날 환인의 서자인 환웅이 자주 천하에 뜻을 두고 인간의 세상을 탐하거늘 아버지가 아들의 뜻을 알고 하계를 내려다보니 삼위태백이 가이 널리 인간을 이롭게 할 만한지라(可以弘益人間) 이에 천부인 세 개를 주어 가서 다스리게 하였다. 환웅이 무리 삼천을 거느리고 태백산꼭대기의 신단수 아래로 내려와 나라를 열고 여기를 신시라 이르니 이가 환웅천왕이라 일컫는다.

단군신화에 나타난 건국정신은 곧 홍익인간의 정신이다. 단군은 이 홍익인간을 우리나라를 통하여 구체적으로 실현시키며 나아가 전 세계 인류에 퍼뜨려 인류공영을 하려고 하였던 것이다.

홍익은 행복, 복지, 큰 이익, 자애, 널리 이롭게 함이란 뜻으로 이웃이나 다른 사람에게 해를 끼치지 않는 이타적 행위를 말한다. 홍익의 목적은 인간인 바, 홍익인간이란 사람을 크게 유익하게 함 혹은 널리 사람을 이익되게 하는 것으로 인본적 사상에 기초한 것이다. 이는 곧 널리 인간에게 봉사하는 정신이 그 근본이 되는 것이다(孫仁銖, 1969:6).

환웅은 농경사회의 지배자로서 농사의 근본요건인 바람, 비, 구름을 주장하는 신을 거느리고 정치의 근본이 되는 농사, 의료, 법률, 도덕을 주관하여 모든 인간사, 인간 행위를 관장하였던 바, 모든 백성에게 따뜻하고 행복한 생활을 하게 하는 것이 그 목적이었던 것이다.

건국신화에는 세계를 신과 인간 그리고 동물의 삼계로 구분하면서 신과 동물 모두가 인간 세계를 탐하고 바라는 것이라 하였다. 이는 인세가 세계의 중심이요, 인간은 신과 동물이 모두 희구하는 존재임을 말해주는 것으로 인본주의의 한 표현이라 할 것이다. 특히 환인이 하계를 내려다보니 가이 널리 인간을 이롭게 할 만하여 환웅으로 하여금 내려가 인세를 다스리게 한 바, 이는 홍익인간이 하늘나라의 삶보다 더 값진 것이요 인세에 내려온 목적이 바로 홍익인간을 실천하기 위함이라는 것이다.

홍익사상은 인간존중의 사상으로 세계의 중심을 인세로 삼고 인간을 널리 이롭게 하여 소아를 버리고 대아를 살리는 선공후사의 원리로서 나라를 다스림에 있어서 백성을 가장 중히 여기는 민본사상인 것이다. 안으로는 민본으로 통하며 밖으로는 세계적인 인류애로 직결되는 홍익사상은 또한 만민평등의 사상으로 모든 사람을 누구나 다 같이 존중하고 차별하지 않는 평등의 원리이며 천신 즉 태양신을 숭배하는 밝음의 원리이다. 환웅이 하늘에서 내려올 때 가지고 온 천부인 세 개, 또 거느리고 온 풍백, 우사, 운사 그리고 삼천의 무리는 모두 인간세상의 모든 사람을 고루 행복하게 하기 위한 것이며 그가 인간 세상에 살며 다스리고 교화한 삼백육십여 가지일이 모두 인간사로서 인간을 위한, 백성을 위한 것이란 점에서 홍익사상은 인간중심의 원리, 밝음의 원리, 선공후사의 원리 및 평등의 원리가 포함된 인간존중의 사상인 것이다(文現相, 2000:126-127).

'인간을 크게 유익하게 함' 혹은 '널리 인간을 유익하게 함'이라는 홍익사상에 대한 몇 사람의 견해를 살펴본다.

① 柳子厚(1948:1-2, 李元浩, 1980:163 재인용)는 논하기를 홍익인간의 요지는, 일체의 민생은 누구나 할 것 없이 다 같은 상재의 천민으로서 아무런 계급도 없이 정치·경제, 그밖에 모든 생활에 있어서 공평하게 이용하여 영원하게 후생하는 도로서 만유를 홍제하여 인간 행복의 피안에 일제히 도달하자는 것이며, 바로 이것은 만유의 중생인 민중을 나라의 근본으

로 삼아 민중의 의사를 존중하는 민주의 정신으로 대중이 원하는 대로, 대중이 하고자 하는 대로, 대중인 자기들이 잘 살기 위하여 구하는 바를 대중인 자기들이 노력하며, 개척하여 서로 넓게 인간생활에 유익하도록 활용해 나가는 뜻으로, 단군의 홍익인간의 뜻은 우리 국가 민족의 민생문제에 있어서 민본사상과 민주정신을 터전으로 하는 후생국가를 뜻하며, 나아가서는 후생세계로 확대되어야 한다는 것이다.

② 安浩相(1995:34-35)은 홍익인간의 얼은 사람의 삶과 가르침과 다스림과 나라 세움의 이념이요, 우리 배달민족의 얼로서 곧 이념과 목적이다. 뿐만 아니라 이 얼은 사람마다 가져야 하며 또 과거나 현재나 미래에도 절대적 보편타당성을 가졌으며 그것은 시간과 공간을 초월한 인류의 보편적 얼로서 곧 이념과 목적이라고 지적하고 여기서 민주주의와 사람주의를 찾아낼 수 있다고 하였다.

③ 金得榥(1958:21-28)은 홍익인간은 널리 인간을 이익되게 한다는 말로 홍익인류라는 말이라 전제하고 이는 경제적으로나 이용후생에 있어서 민본주의일 뿐만 아니라 정치적으로도 민본주의라는 말이며 민족적인 민본주의이어야 함은 말할 것도 없고 세계인류에게 복지를 가져 오도록 廣濟蒼生하라는 말이다. 그러므로 홍익인간은 안으로는 민본주의에 통하는 것이며 밖으로는 세계적 대승주의에 통하는 것이라고 하였다.

또한, 白樂濬(1963:23)은 홍익인간의 이념에는 홍익하는 생활과 활동을 하자는 것이 그 목적이기 때문에 나 개인의 사리를 위한 것이 아니라 남을 이롭게 하도록 사람을 만드는 인간성, 인류성이 포함되어 있다고 하였다. 孫仁銖(1969:10)는 홍익인간이라는 이념에는 휴머니티가 내포되어 있는 바, 그것은 널리 인간에 봉사하는 정신이 그 근본인 것이다. 그리하여 우리에게 인간존엄성의 사상과 인류평화조성에 기여하는 정신을 가르쳐 준다고 하였다. 그리고 申喆均(1982:249)은 '한'의 근원은 단군의 홍익인간관에 바탕을 둔 것으로 ① 한울을 섬기는 숭천사상 ② 조상을 공경하는 경조사상 ③ 인간을 제 몸같이 사랑하는 애인여기사상을 지상에 내림으로써 홍익인간의 얼을 심었다고 하였다. 崔命洵(1997:21)은 홍익인간의 이념을 사회복지적 측면에서 윤리적으로 순수한 인간애, 정신적으로 선타후아적 미덕, 경제적으로 무차별적 균등성, 사회적으로 평화애호, 민주적인 의견을 중시하는 것이라 하였다.

열거한 견해를 종합해 보면 홍익사상은 다음의 요소를 포함하고 있다고 할 것이다.

① 우리민족의 이상일 뿐만 아니라 인류의 보편적 이념이요, 목적이다.
② 모든 인간은 각기 존엄한 인간존엄사상이다.
③ 정치적 민주주의, 경제적 민본주의사상이다.
④ 이타적인 인간성으로 널리 봉사하는 정신이다.
⑤ 인류의 복지를 구현하며 평화를 애호하는 사상이다.

Ⅱ. 자원봉사활동의 기본가치

사회복지사업의 모든 영역에 걸쳐서 자원봉사자가 각 영역의 개척자이었고 오늘날에는 사회복지사와 자원봉사자가 상호 협조체제를 유지함으로써 효율적인 사회복지사업을 수행할 수 있는 것인 바, 자원봉사활동의 기본 가치는 사회복지의 가치에서 찾아야 할 것이다.

가치란 어떤 존재의 종국상태(평등·자아실현·자유 등)나 어떤 광범위한 행위양식(용기·근면·정직 등) 등에 대한 무의식적인 선호 내지 정적 태도이다(車載浩, 1986:398). 그것이 좋다는 것은 무의식적으로 사실로 받아들이거나 직접 체험으로 알든가 또는 외부의 권위에 따라 믿게 되는 것이며 가치는 신념과 더불어 기대되는 행동의 표준이고 규칙이 되는 것이다. 가치관은 어떤 사회의 조직원리인 동시에 인간생활의 방향성을 제시하고, 인간행동의 의미를 부여하며 행동의 지침이 되는 것으로 인간의 생활이나 행동을 판단하는 기준이 되는 것이다(拙稿, 1996:52).

사회복지의 가치는 서구의 주된 가치가 바탕이 된다고 할 수 있는데 특히 민주주의 이념과 인도주의적인 목적의 실현이 강조된다. 사회복지의 목적을 S. Briar(1977:1530)는 삶의 질(quality)의 향상과 자기발전을 극대화하기 위한 기회보장, 만인의 복지증진이라고 하였고 W. A. Friedlander는 각 사람의 경제적 필요, 건강과 생활조건의 적절한 수준, 시민들의 균등한 기회, 높은 인간애의식, 그리고 다른 사람의 권리를 침해하지 않는 사상과 행동의 자유를 확보하는 것이라고 하였다.

이러한 목적을 달성하기 위하여 요구되는 사회복지의 기본가치에 대하여 W. A. Friedlander 등(1976:2-7, 金德俊, 1968:4-27, 全宰一, 1981:130-133)은 사회복지의 가치는 인간의 존엄성, 인간의 자기결정권, 평등 및 기회균등권, 인간의 복지실현의 사회적 책임성에 대한 확신을 지적하고 있다.

1. 인간의 고유가치와 존엄성에 대한 확신

민주주의의 이념과 체제가 계속되는 한 인간의 인격적인 가치와 존중이라는 명제는 국민의 기본적 권리로 보장되어야 할 것인 바, 가족 집단 지역사회 나아가 사회전체의 복지도 결국 따지고 보면 근본적인 주체인 개인의 복지를 바탕으로 하고 있으며 개인의 가치와 존엄성의 구현은 가장 핵심적이고 기본적인 사회복지의 철학이어야 할 것이다(金尙均, 1985: 20-21).

인간으로서의 존엄과 가치는 초국가적인 천부인권인 것이다. 여기서 존엄이란 인간을 인간답게 만드는 인간본체의 자유로 이룩되는 인격을 말하며 가치란 인격적 생존 그 자체의 근원인 개인의 독자적 인격가치를 말한다. 인간의 존엄과 가치의 권리는 광의와 협의로 구분되는데 광의로는 주기본권으로 국민의 인권 전반을 말하는 것으로 이는 개별적인 기본권-평등권, 자유권, 생존권, 청구권적 기본권, 참정권-으로 분화된다. 협의의 인간의 존엄권은 인격권을 말하는데 이는 명예권, 성명권, 초상권, 생명권 등을 가리키는데 대체로 광의의 개념으로 이해하고 있다(金哲洙, 1981:290-291).

이러한 인간은 존엄한 가치를 가졌고 존중받을 권리를 가졌다는 인간 존엄성은 일반적으로 인권이라고 표현한다. 인권사상은 영국의 청교도 혁명과 명예혁명, 미국의 독립혁명 및 프랑스 혁명 등 소위 시민혁명을 통해 인권선언으로 표출되었는데 이러한 선언들은 인간은 인격자로 대우받아야 하며 평등하게 취급받아야 하고 자유로와야 하며 인간다운 생활을 해야 한다는 것이다. 여기서 미국의 독립선언에서 표현된 사상의 일단을 보면 "…우리는 다음의 사실을 스스로 명백한 진리로 확신한다. 즉, 모든 사람은 평등하게 창조되었고, 그들에게는 조물주로부터 양도할 수 없는 하늘이 내린 권리가 수어졌고, 그 가운데는 생명, 자유 및 행복을 추구할 권리가 포함되어 있다…" 고 하였다. 제2차 세계대전이후 각국에서는 한결 같이 인간의 존엄성은 불가침임을 천명하였다. 또한 인권의 보장이 국제화하기 시작하였다. 1945년 UN에서는 기본적 인권을 선언, 기본적 인권과 인간의 존엄 및 가치와 평등보장을 규정하였고, 1948년 세계인권선언에는 인간의 존엄성, 평등권, 자유권, 생존권, 청구권, 참정권을 규정하였으며 1966년 UN 총회에서 채택된 국제연합 인권규약에는 상당한 생활조건을 가질 권리를 포함하고 있다.

인권은 사람이 사람답게 살 수 있는 권리를 총망라한 표현이다. 사람으로서 사람답게 살아야 하고 그것이 사람으로서 누구나 주장할 수 있는 권리이어야 한다는 인권은 결국 인간이 소중하다는 의미라 하겠다(韓相範, 1983:123). 인권의 참다운 철학은 자연법의 관념을 기초로 하는 것인 바, 보편적인 질서 중에 우주와 모든 피조적 자연의 광대한 가족과의 모든 규율 가운데 우리가 포함됨으로써 우리는 동류와 전체의 피조집단에 대해서 권리를 갖는다는 것이다(張光洙, 1983:54, 朴鐘淳, 1982:283).

인간은 인간을 인간답게 대우하여야 한다. 인간의 존엄이라는 이념을 구현하기 위해서는 인간의 주관적 자각이라는 조건과 사회여건의 보장이라는 조건이 확보될 때 가능할 것이다. 인간의 주관적 자각이 없이 인간에 대한 존중감이 무너질 때에는 적자생존, 자연도태의 법칙이 지배하게 될 것이다(韓相範, 1979:275). 인간에 대한 존엄성의 인식은 인간의 성실성을 촉구하는 실천의 원리이며, 인간의 성실한 마음을 가질 수 있는 가능성은 인간의 존엄성을 뒷받침하는 이론적 근거이다. 즉, 인간의 존엄성에 대한 인식이 투철하면 성실한 마음으로 인간을 대하게 될 것이다(金泰吉, 1984:104). 인간은 자신의 삶과 함께 다른 삶을 알고 있다. 비록 자신의 삶을 위해 다른 삶이 희생될 우려가 있는 경우 이를 피하려는 자각과 자비를 갖는다. 인간만이 자신의 삶과 함께 타 존재의 삶을 존중할 줄 안다.

2. 인간의 자기결정권에 대한 확신

인간은 각기 스스로의 능력과 판단에 따라 자신의 태도와 행동을 결정할 권리를 갖는다는 것은 기본적 인권이다. 인간은 그의 욕구가 무엇이며 어떻게 그 욕구를 충족시킬 것인가를 스스로 결정할 수 있다는 확신은 사회복지의 근저에 흐르는 하나의 원리이다(盧昌燮, 1971: 113). 이러한 자기선택과 결정은 자유의 권리인 동시에 자기생활을 영위할 권리를 원하는 자기주체성의 요구이다.

인간에게는 끊임없이 선택의 상태에 직면하게 된다. 이리로 갈 것인가, 저리로 갈 것인가의 상태는 곧 자유의 상태인데 이 선택은 내가 나의 책임으로 선택해야 자유로운 선택이 된다. 자유로운 선택은 나의 책임으로 이루어진다.

갈랫길에서 어느 길을 선택하고 실천하는 주체는 나다. 자신이 선택하지 아니하고 남이 또는 무엇이 지시하는 궤도로 따라갈 때 나는 인간이

기보다는 동물이나 노예다. 그 때에는 가능성이 무의미해 진다(鄭範謨, 1981:124-127). 인간은 자연환경을 움직이고 개조할 수 있으며 그것에 따라 자신의 운명을 스스로 결정할 수 있는 것이다. 인류의 역사는 인간이 결정할 수 있다는 신념, 인간의 주체성에 대한 믿음의 역사라 할 것이다. 인간은 자연환경에 대한 무력한 존재이거나 인간의 운명은 어떤 초인적인 힘에 의해 좌우되는 존재가 아니라 자연환경에 도전하여 극복할 수 있는 주체자인 것이다.

이렇듯 인간은 스스로 주체가 되어 자기의 책임에 의한 자기결정(self-determination)에 관한 권리를 지닌 존재이다. 이러한 권리는 그가 처한 사태를 현실적으로 직시하고 자기 최대의 이익을 위하여 스스로 결정을 내린다는 것은 사회복지의 철학의 중요한 원칙이다.

자기결정권은 기술적으로는 대안(alternation)의 제공이 전제되기도 한다. 자기의 태도와 행동을 결정하기에 너무 어려서 그릇된 판단을 할 우려가 있는 경우, 정신장애로 건전한 사고능력이 없을 때, 기타 특별한 경우는 예외로 하되 클라이언트가 스스로 올바른 이해와 판단과 결정을 기다리는 것으로 제한을 받기도 한다.

"말을 물가로 끌고 가는 것은 사람이 하지만 물을 마시는 일은 결국 말이 한다."는 말이 있듯이 워커는 클라이언트의 행동을 바꾸기 위해 간섭, 명령, 위협, 설득 등으로 자기결정을 저해해서는 안 될 것이고, 그가 처한 모든 환경과 관련지어 스스로 가장 적합한 방향을 찾아 스스로 선택하여 행동하도록 도와주어야 할 것이다.

3. 인간의 평등 및 기회균등에 대한 확신

민주주의 사회에서 사회복지를 위해 중요한 것은 모든 사람은 그의 능력에 의해 제한은 받지만 기회의 부여에 있어서는 평등하다는 신념이다. 사회복지는 인간에 대한 복지혜택이 종교, 신분, 계급에 관계없이 제공되어야 할 도덕적, 직업적 원칙이 있다. 주목할 점은 개인이 타인과 평등하다고 할 때 타인과 꼭 같은 권리를 향유한다는 것이 전제되며 나아가 개인이 타인과 다른 독특한 여러 특징을 갖고 있음을 인정하는 점이다.

인간에 대한 평등사상은 고대로부터 계승되어 온 것으로 그리스시대의 평등사상은 정의 관념과 결부되어 있었다. Aristoteles는 정의를 일반적 정의와 특수적 정의로 나누고 일반적 정의는 법을 준수하는 것으로 준법적 정의라고 하였으며, 특수적 정의는 배분적 정의와 평균적 정의로 구분하였다. 배분적 정의는 명예나 재산을 사람들의 기여도와 공헌도에 따라 분여하는 것이며 평균적 정의는 사람들의 이익과 손실을 산술적으로 분여하는 것을 말한다(金哲洙, 1983:89). 중세에는 신 앞에서의 평등이 강조되었고 근대에 이르러는 법 앞에서의 평등으로 발전되었다. J. Locke는 자연 상태에서 인간은 자유·평등하며 서로 지배, 복종의 관계가 없고 누구도 다른 사람의 생명, 건강, 자유, 재산을 해져서는 안 된다고 주장하였다(金英勳, 1979:109). J. J. Rousseau는 인간에게 두 가지의 불평등이 있는데 하나는 신체적 정신적인 차이에서 오는 천부적 불평등이고 다른 하나는 약속이나 합의에 의해 인정되는 사회적 불평등이다. 불평등에서 평등으로 귀환하려면 자연 상태로 돌아가야 한다고 했다. 사회의 일상생활에서 때

묻은 자신을, 물들기 이전의 자연 곧 선의 상태로 돌아가 탐욕, 거짓, 허영심을 버릴 때 인간은 평등하게 된다고 하였다(趙鏞泰, 1979:240). 이러한 자연법에 기초한 평등사상은 20세기 들어 세계 각국의 헌법에 민주주의의 기본원리로 인정하게 되었다. J. Dewey(1946:115)의 평등사상은 민주주의의 생활에서 특수한 의미를 지니는데, 그는 평등을 기회균등으로 파악하였다. 그는 인간이 자유롭고 평등하게 태어난다는 것은 인간의 존엄성을 강조한 것이지 천부적인 재능이나 소질이 같다는 것은 아니며 모든 사람은 평등한 개인으로서 자신의 능력을 발전시킬 수 있는 균등한 기회를 보장받을 자격이 있다고 하였다. 그는 평등은 사회적 균등을 의미하는 것이지 절대적 평등은 아니라고 주장하면서 평등의 이상은 상이한 존재들을 다룰 때 절대적으로 동일해서는 안 되고 오히려 각자의 요구에 맞는 평등한 고려를 하여야 할 것이라고 했다.

산업사회에서는 배분적 정의에 주목하여 경제적 불평등에 따르는 생존의 위협에서 인간을 해방하고 균등하게 인간다운 생활의 보장에 힘쓰고 있다(K. G. Myrdal, 1968:185, 黃性謨, 1964:158, 林熺燮, 1983:236). 평등한 삶의 질과 생활환경의 보장은 획일적인 균일주의가 아닌 능력에 따른 균등주의에 입각한 공평성을 강조한 평등이다. 평등주의는 누구나 무조건의 동등한 배분이 아니라 지나친 자유주의적 자본주의 경제하에서 발생한 비생산적이고 근면하지 않은 게으른 부자(The working poor)가 더 이상 없도록 하자는 이념이다(李光粲, 1981:375).

일정한 사회에서는 빈부, 교육, 신앙, 직업 등 다양한 계층 사람들이 공존하고 있다. 워커는 이들에게 아무런 차별 없이 공정한 기회를 제공해야 할 도덕적, 직업적 책임이 있다. 클라이언트의 요구를 충족시키려는 공감적인 이해가 있을 때 그는 스스로 자신의 존엄성을 깨닫고 원만히 적응해 나갈 수 있게 된다. 클라이언트가 구호를 요하는 곤란에 임했을 때 구호 받을 권리를 누구에게나 똑같이 부여되는 평등주의에 입각하나 곤란의 정도가 다를 때는 그 정도에 비례하여야 되는 균등주의에 입각해야 할 것이다(J. S. Pictet · 金正鎬 譯, 1967:53).

4. 인간의 복지실현의 사회적 책임성에 대한 확신

사회복지의 기본적 철학의 하나는 인간의 가치와 존엄, 자기결정 및 기회균등 등에 대한 개인의 권리는 개인, 가족, 사회에 대한 개인의 사회적 책임과 관련된다는 신념이다. 이러한 확신은 개인과 사회와의 관계를 명백히 하는 것으로 민주주의사회는 각 개인의 복지와 발전을 도모할 책임이 있고, 개인은 사회발전에 기여할 책임을 가지게 되는 것이다. 사회복지에서는 인간은 그들의 인간다운 생활과 정상적인 사회인으로서의 권리와 의무를 수행하도록 하는 노력과 문제 상황이 생기지 않도록 하는 노력을 사회 또는 국가의 책임으로 생각하게 되었다.

인간이 인간다운 생활을 할 권리를 생존권이라 한다. 이러한 생존권의 보장을 사회나 국가의 책임으로 인식하게 된 발전과정을 살펴보면 생존권을 본디 인간의 생존본능에서 유래된 것으로 그것은 인류역사의 시작과 더불어 어떤 형태로든 문제시되어 왔다. 생존권사상의 기원은 중세 스콜라철학까지 소급되는데 T. Aquinas는 곤궁한 때 만물은 공유라고 하여 신의 질서 아래서 긴급구조권을 주장하였다(張壎, 1984:64). 사회복지에 대한 국가적 책임은 1536년 영국의 구빈법에 극명하게 나타났는데 이 법은 구걸행위의 불법화, 구빈에 대한 사회적 책임, 지역사회 공동체의 부조, 자발적인 의연금 등의 규정을 두고 이를 국가의 지도감독 아래 행해지도록 하였다. 1601년 개정된 법에서는 빈민구제를 체계화하였고 지역사회의 보호를 통해 공적 책임을 이행하도록 하는 제도를 확립했다(R. A. Skidmore, 1982:199). 그 후 사적 소유권의 확립과 더불어 개인주의 사상의 영향으로 각자의 생존은 각자가 책임져야 한다는 관념이 지배적이었으나 일부에서는 불평등한 분배의 시정을 촉구하기도 했던 바, J. G. Fichte는 소유권과 생존권은 상호 모순되는 것이 아니라 만인이 더불어 행복하게 살아가려면 국가는 국민을 위하여 인권과 소유에 관하여 적극적인 대책을 강구해야 한다고 주장했다(張壎, 1984:68-69). 각자의 생활은 스스로 책임져야 하고 각자에게 닥치는 생활위험도 스스로 대비해야 한다는 자기책임의 원칙이 지배하던 시기에 생존권사상은 현실적으로 받아들여지기에는 상당한 무리였을 것이다. 이러한 생존권사상이 구체적 권리의 차원으로 이르기 위해서는 그들의 자각과 사회력의 증대가 필요했던 것이다. Weimar 헌법은 이러한 이념에 따라 '경제생활의 질서는 모든 사람에게 인간다운 생존권을 보장하려는 목적을 가진 정의의 원칙에 합치되어야 한다(제151조)'고 하여 최초로 생존권을 보장하기 시작하여 세계 각국의 여러 헌법이 이러한 규정을 두게 되었다(金哲洙, 1981:425).

사실 가난의 책임이 개인에 있느냐 사회에 있느냐의 문제는 끊임없이 공존하고 있다. 시대와 상황에 따라 개인의 책임이 부각되기도 하고 사회의 책임이 강조되기도 한다. 복지국가를 지향한다면 국가의 책임이 강조되는 측면에서 평가되어야 한다. 복지국가의 시각은 빈곤을 불가피한 사회질서의 일부로 파악하기를 거부한다. 노동은 의무가 아니라 권리이다. 실업은 나태에서 오는 것이 아니라 자본주의 사회가 안고 있는 구조적인 모순의 결과라는 것이다. 현대복지국가의 특징은 국민의 기본욕구에 대한 강한 국가의 책임이 인식되어 있다는 것이다. 다시 말하면 빈곤의 책임은 복지국가의 책임이라는 복지의식이 확장되어 있다(金泳謨, 1982:33, 宋奎範, 1983:101).

인간의 복지실현의 사회적 책임성은 결국 인간고통에 대한 사회연대성이라 할 수 있다. 인간의 고통을 방관할 것이 아니라 전문적 지식과 통찰력으로 적절한 대책을 마련하는 사회과학적 태도로 그 책임이 사회적 연대성, 공동의 과제라는 이념이 요구되는 것이다. 이러한 사회연대의식은 곧 공동체의식이라 할 수 있다. 인간의 본질이, 모든 인간에게 하늘로부터 주어지는 것이라면 그것을 빛내기 위해서는 개인만이 관심의 대상이 될 수 없다. 인간은 사회적 존재로서 이웃을 사랑하는 인간관계의 유지는 모든 인간에 있어 필연적인 것이다. 공동체의식은 성숙된 인간성의 핵심이라고 하겠다(李奎浩·車仁錫, 1978:30). 공동체의식은 전체주의의식과는 구별되는데, 전체주의의식은 개인의식을 말살할 수 있지만 공동체의식과 개인의식은 상호 보충된다(李奎浩, 1975:41). 이러한 철학에 바탕을 둔 원조를 받은 개인은 건전한 사회적 역할을 담당할 수 있게 될 것이다. 그는 원조 받을 만큼 또는 그 이상으로 사회에 보답하게 될 터인 바, 개인으로, 집단의 한 성원으로, 지역사회의 한 주민으로 인간의 복지를 구현하기 위해 기여할 것이다.

❖ 참 고 문 헌 ❖

金得榥, 韓國思想史, 南山堂, 1958.

金德俊, “韓國社會事業의 哲學的 試考” 社會福祉 창간호, 1968.

金尙均, “사회복지란 무엇인가” 자원봉사의 이론과 실제, 한국사회복지협의회 출판부, 1985.

金善洋, “예수” 教育思想史評傳, 教育硏究社, 1989.

金泳謨, 韓國人의 福祉意識, 一潮閣, 1982.

______, 사회복지의 자주적 모색, 평민사, 1978.

金泳鎬, 自願福祉活動의 活性化方法, 學文社, 1997.

金英勳, “平等權에 관한 考察” 國民大學校論文集 제7집, 1979.

拙稿, “兒童福祉의 定礎的 價値에 관한 小考” 大邱專門大學論文集 제17집, 1996.

金鍾煥, “모세五經의 福祉理念과 그 傳承에 관한 硏究” 大邱大學校 大學院 碩士學位論文, 1982.

金哲洙, 新憲法學槪論, 博英社, 1981.

______, 法과 正義, 서울대학교출판부, 1983.

金泰吉, 人間回復序章, 三星美術文化財團, 1984.

盧昌燮, 社會事業槪論, 새글사, 1971.

대한불교조계종역경회, 한글대장경 102.

文現相, 人間倫理, 東文社, 2000.

朴錫敦, “韓國의 天主教 社會福祉事業에 관한 硏究” 大邱大學校 大學院 碩士學位論文, 1981.

朴鐘淳, “自然法思想과 人權” 全州又石大學論文集 제4집, 1982.

白樂濬, 韓國의 現實과 理想, 東亞出版社, 1963.

孫仁銖, “文獻上으로 본 弘益人間” 教育學研究 제11집, 1969.

宋奎範, “新自由主義의 福祉國家理念” 福祉國家의 形成, 民音社, 1983.

申喆均, “民族和合의 뿌리로서의 한사상” 단군정신선양회, 國祖檀君, 1982.

安浩相, “韓民族의 歷史와 思想” 한국사상과 윤리, 형설출판사, 1995.

윤사순, “유학의 변천과 그 정체성의 문제” 한국공자학회 정기발표회, 2000.

李甲德, “佛教社會福祉事業에 관한 研究” 大邱大學校 大學院 碩士學位論文, 1985.

李光燦, “韓國의 社會福祉理念과 政策” 社會福祉 제75호, 1982.

李奎浩, “人間教育의 理論과 方向” 大韓教育聯合會, 人間性確立을 위한 教育, 1975.

______·車仁錫, 近代社會의 哲學的 理解, 培英社, 1978.

이원규, “봉사활동과 지역사회의 조사” 이삼열 엮음, 사회봉사의 신학과 철학, 한울, 2003.

李元浩, “福祉社會의 教育思想” 福祉社會와 教育, 博英社, 1980.

李載昌, “佛教의 社會福祉” 社會福祉 통권63호, 1979.

一然·李丙燾 譯, 三國遺事, 新華社, 1983.

林松山, 佛教福祉, 法水出版社, 1983.

林熺燮, 社會的 平等과 發展, 正音社, 1983.

張光洙, 人權과 自然法·正義의 問題, 養英閣, 1983.

張壎, 社會保障法總論, 大邱大學校出版部, 1984.

____, “佛經에 나타난 福祉理念” 社會福祉研究 제9집, 1981.

全宰一 外 共著, 社會福祉論, 螢雪出版社, 1981.

鄭範謨, 敎育과 敎育學, 培英社, 1981.

趙鏞泰, "平等思想과 女性敎育" 女性問題硏究 제8집, 1979.

趙之薰, 韓國文化史序說, 探究堂, 1964.

車載浩, "價値觀의 變化" 韓國社會의 變化와 問題, 法文社, 1986.

崔命洵, 한국사회복지이념, 白山出版社, 1997.

崔載喜, 人間主義倫理學, 日新社, 1978.

韓基彦, 西洋敎育史, 博英社, 1980.

韓相範, 人權과 權力, 弘盛社, 1983.

______, 市民思想과 民衆의 復權, 瑞來軒, 1979.

黃性謨, 現代社會思想史, 進明出版社, 1964.

Briar, S., "Goal of Social Work" in Encyclopedia of Social Work, NASW, 1977.

Dewey, J., Problem of Man, N.Y.:Philosophical Lib., 1946.

Friedlander, W. A. etc., Concept and Mothed of Social Work, N.J.:Prentice Hall, 1976.

Myrdal, K. G., Asian Drama, A.L.:Penguin Press, 1968.

Piccard, B. J., An Introduction to Social Work, Ontario:The Dorsey Press,1979.

Pictet J. S.·金正鎬 譯, 赤十字의 諸原則, 正音社, 1967.

Skidmore, R. A. etc., Introduction to Social Work, N.J.:Prentice Hall, 1982.

飯島幡司·趙基勳 譯, 그리스도 사회관, 가톨릭출판사, 1982.

守屋茂·林茂根 譯, 佛敎社會事業의 硏究, 東國譯經院, 1980.

제 3 장

자원봉사활동의 발전과정

Ⅰ. 다른 나라 자원봉사활동의 발전과정

1. 자원봉사의 여명

자신이 살고 있는 지역사회와 어려운 이웃을 돕는 인간의 활동은 인류 역사가 시작된 때부터 있어 왔다고 볼 수 있다. 이웃을 돕는 활동이 조직화되어 시민들의 조직적 참여 즉, 근대적 의미의 자원봉사활동은 18세기 시민의식의 성장과 더불어 등장했다고 볼 수 있다(李昶浩, 1996:90-91, 132).

자원봉사를 남을 돕는 개념으로 이해한다면 그것은 인간의 역사가 시작된 순간부터 존재했다고 할 것이다. 그러나 이러한 자선활동은 그 기록이 매우 적다.

신약성서에서는 자선행위를 은밀히 하도록 권고한다.

> 너는 구제(charitable deed)할 때에 오른 손의 하는 것을 왼손이 모르게 하여 네 구제함이 은밀하게 하라. 은밀한 중에 보시는 너의 아버지가 갚으시리라(마태복음 6:3-4).

초대교회 교부들은 특히 가난한 자들의 권리를 옹호하고 부의 분배를 위해 노력하였다. 2세기 중엽 Polycarpus는 '돈을 사랑하는 것은 모든 악의 뿌리다. 우리는 빈손으로 왔다가 빈손으로 가는 인생이다. 우리는 먼저 육신생활에 필요한 것을 충족시켜야 하지만 일단 충족되면 나머지 정열은 정의와 자비, 사랑, 용기, 관대함을 촉구하는데 힘써야 한다'고 했다. 3세기 初 Clemens는 '타인이라는 것을 망각한 재산축척은 그 인간의 비정 외에 아무것도 아니다. 그리스도신자는 자기가 물려받은 것이 모두 하느님께 받은 은혜임을 인정해야 한다. 그것은 본인보다 형제를 위하여 주신 것이다. 따라서 자기는 타인을 섬기는 신성하고도 고귀한 직책에 고용된 몸이라고 여겨야 한다'고 했다. 4세기 J. Chrysostomus도 '가난한 사람이니까 그를 먹여 주시오, 그 때 그리스도께서 잡수시는 것이니까 그를 먹여 주시오'라고 하여 가난한 이들을 그리스도로 보았다. 또 부자가 자기 생활에 필요한 재산을 쓸 권리를 인정하면서 남는 것은 가난한 사람의 것이라고 하여 세상의 모든 재화는 만인의 공동소유라고 하였다(J. C. Hanghey·성영 역, 1980:121-135, 朴錫敦, 1981:16-18재인용).

로마시대의 St. Fransis는 당시 노예, 나환자, 빈민 등 천대받고 소외당하고 도움을 절실히 필요로 하는 사람들을 대상으로 그들의 고통을 해결해 주고자 하여 봉사활동을 시작하였던 바, 이것을 기록에 의한 자원봉사의 기원으로 보기도 한다. 또한 로마에서 St. Benedict는 부유층의 젊은이를 동원하여 저개발지역인 북부 여러 지역을 대상으로 봉사활동을 위한 여행을 했다는 기록도 있다(조휘일, 1975:161, 문인숙, 1982:38).

어떤 사람은 자원봉사의 근원을 기독교의 봉사활동으로 보기도 한다. 기독교의 문화권에서 성장해 온 자원봉사활동을 자세히 살펴보면, 두 가지 형으로 구분해 볼 수 있다. 하나는 사회봉사활동 즉 자원봉사활동이라고 하는 것이고, 다른 하나는 전도와 포교형식의 자원봉사운동이다. 방문전도는 가장 오래 전부터 해 왔던 전도방식의 하나로서 자발적인 봉사자에 의해 추진된 운동이었다(野上芳彥 저·李泰榮 역, 1982:27).

2. 봉사활동의 조직화

자원봉사자로 봉사를 꾸준히 하기 위해서는 개인보다 집단, 불규칙한 노력보다 조직화된 접근이 좋다. 그 점에서 근대적 의미의 자원봉사는 보통 '민간조직체'를 통해 시행된다. R. M. Kramer 역시 자원봉사활동은 일련의 자원적 가치지향(volunteerism)과 자발적인 민간조직체(voluntary organization)의 두 요소로 성립되는 것으로 보았다. 그 조직체는 공식 조직이든 비공식 조직이든 상관이 없다. 중요한 것은 산발적, 불규칙적이 아닌 지속적, 계획적 활동이라는 것이다. 그 점에서 자원봉사는 과거의 불규칙한 주민 공동체 활동과 구별될 수 있다. 즉 전통사회의 단순한 주민참여, 온정주의 활동과 구별된다는 것이다. 이렇게 볼 때 자원봉사 운동은 산업화 이후 등장한 근대적인 개념이라 할 수 있다(李昶浩, 1996:91).

자원봉사활동의 원형으로 볼 수 있는 가장 오래된 기록은 프랑스의 신부인 Vincent de Paul이 1617년에 조직한 '자선부인회(Ladies of Charity)'이다. 그는 그 후 농촌의 부인을 모아 1633년 '자선자매단(Sisters of Charity)'을 조직하여 사회봉사활동을 전개하였다. 이러한 단체에서는 종래의 자선적, 시혜적 자세를 반성하여 금품의 제공뿐만 아니라 정신적인 격려가 중요한 것이라 하여 적극적으로 빈곤한 가정을 방문해서 대화의 기회를 만들었다. 이러한 빈자와 환자의 방문구제활동은 후일 사회사업으로 발전된 계기를 마련한 자선조직협회(Charity Organization Society)의 선구로서 큰 의미를 지니며, 각국에도 그 영향이 파급되어 자원봉사활동을 발전시키게 되었다(野上芳彦, 1982:27).

자선조직협회는 처음 독일에서 발생하여 영국에 소개되었고 다시금 미국에 전해졌다. 독일에서는 1788년 함부르크 시에서 구제사업조직이 나타났고 이것이 1852년 엘베르펠드 시에서 수정 실시되어 이를 Elberfeld System이라 하였다. 영국에서는 1896년 런던 자선구제조직 및 걸식박멸협회를 결성, 그 이듬해 London C. O. S.로 개칭하였다. 이 협회에 관계했던 S. H. Gurteen목사가 미국의 버팔로 시에 이주하여 1877년 자선조직협회를 창설하였다.

런던의 자선조직협회는 교회의 자선활동과 민간복지 활동을 능률적으로 수행하기 위한 효과적인 조정, 구제 활동의 중복과 경쟁을 피하고 기구와 기술을 발전시키기 위하여 조직화된 것으로 런던시를 몇 개의 지구로 나누고 각 지구에 구빈위원회를 두었다. 각 지구내의 빈곤자의 가정을 자원봉사자인 우애방문자(friendly visitor)가 직접 방문하여 그들의 욕구가 무엇인지 알아내어 도움을 주도록 하는 방문구제활동을 실시하였던 바, 이것이 근대적 의미에서의 자원봉사활동이라 할 것이다.

19세기 후반 자선조직협회와 더불어 자원봉사활동의 대표적인 것으로서 인보사업운동(Settlement Movement)이 있다. 인보사업운동은 어떤 지구에 정주하면서 지구주민을 교화하며 분리되고 있는 사회계급간의 거리감을 좁히기 위하여 지역의 제 문제를 서로가 같이 생각하며, 해결하는 것을 목적으로 하는 사업이었다. 이 사업의 특색은 다수의 일반시민이 인보관(Settlement House)에 상주하면서 지역주민과 우애관계를 갖고 원조를 행하는 것이었다. 즉, 사회문제가 집중적으로 나타나고 있는 빈민지역에 정주하면서 사회악으로부터 사람들을 구출하고자 하는 노력의 거점이 '세틀먼트'인 것이다. 이 사회악과의 싸움을 위해 지원하는 지원병이 볼런티어인데 여기에서 볼런티어라는 말이 등장했다는 주장도 있다(金泳浩 외3인, 2000:81). 옥스퍼드대학과 캠브리지대학의 학생들이 주축을 이룬 이 인보사업은 1880년대에는 10여개의 인보사업단체가 출현하게 되었으며 종교적인 신앙이 인도주의와 밀착하여 벌인 사업이었다. 빈민가에서 인보사업에 투신했다가 젊은 나이로 희생된 캠브리지대학생 Arnold Toynbee 등을 추모하기 위하여 C. Barnett목사가 1884년 웬체스터사원에 Toynbee홀을 설립하여 인보사업에 가일층 활력을 불어 넣었다(梁寅基, 1980:20-21). 또한, 토인비 홀을 중심으로 자원봉사자를 육성하였던 것이다. 이 Toynbee홀의 인보사업은 미국에 영향을 주어 1887년 뉴욕에 Neigborhood Guild(근린조합)와 시카고 Hull House를 설립케 하였다(金德俊 외, 1970:92-93).

영국에서는 18세기말 어느 구두 수선 노인이 점포에 놀러오는 빈민가의 아동들을 가르친 것이 계기가 되어 빈민학교가 세워졌으며, 이에 관심을 지닌 자원봉사자들이 야간과 휴일에 가르치기 시작했던 빈민학교 운동을 자원봉사활동의 기원으로 보기도 한다. 이 빈민학교 운동은 19세기 후반의 다양한 자원봉사활동을 전개시키는 사회적 분위기를 조성하는 기반이 되었다. 그런가 하면 19세기 영국의 자원봉사활동의 기원에 대해 이런 에피소드도 있다. 영국의 어느 양복 재단사가 신사복을 만들 때 신사복의 안쪽에 겉단추를 달았다. 당시에는 단추가 하나라도 떨어져버리면 대신 달 단추가 없기 때문에 손님은 많은 단추를 모두 바꾸어 달아야만 했다. 그래서 그 양복 재단사는 손님들의 번거로움과 비용을 생각해서 예비단추를 달아 두었던 것이다. 한 사람의 사소한 선의, 친절한 마음이 전 세계에 파급되어 많은 사람들의 마음을 밝게 만드는 계기가 된 것이다. 이와 같이 자원봉사활동은 원래는 조그만 자선에서부터 생겨난 것이다. 상대방의 입장에 서서 생각하고 행동하는 마음자세를 솔직한 태도와 행동으로 나타내는 일이 자원봉사의 근간이라고 할 수 있다(野上芳彦, 1982:26).

3. 자원봉사의 확산과 제도화

시민들의 조직적인 지역사회 참여 즉 근대적 의미의 자원봉사활동은 18세기 시민의식의 성장과 더불어 등장했다. 그러나 그 활동이 급속히 확산되기 시작한 것은 선진 외국의 경우 20세기 들어서의 일이다. 20세기 산업화, 도시화의 진행과 자본주의 결함 치유를 위한 사회정책은 국가가 소득, 의료, 주택, 사회 서비스 등 모든 영역의 국민 복지를 돌보는 '복지국가(welfare state)'로의 발전을 부추겼다. 유럽의 경우 특히 제2차 세계대전 이후 영국의 비버리지 보고서로 상징되는 포괄적인 사회보장정책의 실시가 그것이다.

그러나 70년대 오일쇼크 이후 정부 재정에 의한 복지시책이 축소되자 어려운 이웃을 돌보는 민간의 자선운동, 자원봉사활동이 활발해졌다. 그와 더불어 자본주의의 무한 성장주의를 비판해 녹색혁명으로 대변되는 환경운동, 냉전체제에 비판적인 제3세계 인권운동 등의 시민운동이 활발히 대두됐다. 그 이후 이 자원봉사 물결은 유럽, 미국 등 구미 선진국에서, 아시아에서, 아프리카, 중동 등에서 인종과 체제와 이념을 넘어 전 세계로 뻗어갔다.

많은 미래학자들은 21세기에는 자원봉사의 사회적 중요성이 더욱 더 부각될 것으로 전망 하고 있다. 사실 미국, 일본, 유럽 등 선진국에서 자원봉사는 사회전반에 급속히 확산되고 있다. 유럽의 경우 국가의 복지기능을 축소하는 대신 민간의 자원봉사 활동을 강조하고 있고 이미 민간복지를 강조해 왔던 미국, 일본 등은 특히 늘어나는 청소년 범죄에 대처해 자원봉사를 아예 교육의 일부로 편입시키는 제도화 노력을 강화하고 있다.

자원봉사를 단순히 복지적 차원만이 아닌 인간성 및 공동체의 회복 메커니즘으로 파악을 하면서 선진국에선 특히 1980년대 중반 이후 자원봉사에 대한 민, 관의 각종 제도화 노력들이 등장했다. 이 제도화 노력은 미국, 영국과 일본을 중심으로 등장하고 있는데 정부가 법과 재정지원으로 자원봉사를 육성하거나 기업 등 민간이 조직적으로 참여하는 형태를 띠고 있다. 선진국의 제도화 경향을 몇 가지로 나누어 살펴본다(李昶浩, 1996:132-146).

① 자원봉사 진흥입법 및 정부지원　자원봉사를 활성화하려는 정부의 노력은 우선 법제화 작업으로부터 나타난다. 영국, 미국, 일본 등 자원봉사의 역사가 깊은 나라들은 특히 사회복지 분야에서 민간의 자원봉사조직들을 지원하는 입법조치를 폈다.

자원봉사의 역사가 가장 오래 된 영국의 경우 1960년 자선법(Charity Act)을 제정, 민간 사회복지기관, 단체들을 보호, 육성하기 시작했다. 이후 1968년 Seebohm위원회가 마련한 Seebohm Report의 추천에 따라 1970년 The Local Authority Social Service Act가 제정됐다. 이 법에 따라 지방단위에 통합적 사회복지서비스국이 설치되었는데 이 부서는 민간의 자원봉사활동을 최대한 육성, 민간복지가 정부 주도보다 민간 주도로 이루어지도록 했다. 한편 1972년부터 중앙정부의 내무부 산하에 자원봉사국(VSU : Voluntary Service Unit)을 두고 민간 자원봉사 육성을 위한 각종 지원을 담당케 하고 있다. 지원하는 자원봉사는 단순히 사회복지 분야 외에도 환경, 의료, 문화, 예술 등 모든 분야를 포함한다.

미국은 영국과 달리 점차 민간 자원봉사 일반에 대한 정부육성의 필요성이 강조되면서 1973년 국내자원봉사법(The Domestic Volunteer Service Act)이라는 별도의 특별법을 제정, 공공자원봉사단 운영 및 민간 활동에 대한 지원을 본격화했다. 1990년에는 전국 및 지역사회봉사법(The National and Community Service Act)을 제정, 자원봉사 활성화를 위한 법적 지위를 강화했다. 이 법은 1993년 The National Service Trust Act로 새로이 제정, 특히 청소년 자원봉사를 위한 연방정부의 개입을 늘였다.

일본의 경우도 민간 자원봉사진흥을 위한 정부 개입은 역시 사회복지 분야에서부터 시작됐다. 1951년 사회복지사업법을 제정, 민간 사회복지활동에 대한 정부 지원을 시작했다. 이 법에 따라 일본 내 각 도, 도, 부, 현에 민간 사회복지 총사령탑인 사회복지협의회가 설립됐다. 이후 1962년 전국사회복지협의회 기본요강으로 일본 자원봉사센터의 전신인 선의은행을 창설하고 1968년 이 자원봉사활동을 육성하기 위해 자원봉사활동육성기본요강을 채택했다. 이외에도 일본은 1948년 민생위원법을 제정, 공공자원봉사단의 성격을 갖는 민생위원 제도를 출범시켰다.

② **공공자원봉사단** 자원봉사진흥을 위한 정부의 입법조치는 민간활동

지원 외에도 정부의 직접적인 공공자원봉사단 운영과 같은 형태로 나타난다. 이 공공자원봉사단은 국가 혹은 지방정부에 의해 조직돼 정부와 일정계약을 맺고 공공목적의 자원봉사활동을 펴는 것이다. 정부는 또 이들을 위해 별도의 전담기구를 두고 예산지원 및 운영전반을 관장한다.

이 공공자원봉사단 조직이 가장 활발한 곳은 미국이다. 미국은 60년대 소위 빈곤전쟁을 시작하면서 그 일환으로 평화봉사단(Peace Corps), 빈곤퇴치 자원봉사단(VISTA), 은퇴노인자원봉사프로그램(RSVP)등 공공 자원봉사단을 조직했다. 이들 공공자원봉사자 활동은 1971년 연방자원봉사 진흥기구인 ACTION이 창설되면서 체계화, 조직화되고 1973년 국내자원봉사법이 제정되면서 더욱 활성화됐다.

ACTION은 미국 50개 주정부에 각각 지부를 두고 과거 프로그램 별로 각 부처로 나뉘어 관리되던 이들 공공자원봉사자들의 모집, 훈련, 배치 등 운영 관리를 맡았다. 공공자원봉사자들은 각 주의 이 ACTION과 1~2년씩의 계약을 맺고 지정된 장소에서 약속된 자원봉사 활동을 하는 것이다. 주로 젊은 여성, 청년들로 구성된 평화봉사단원들은 아시아, 아프리카 등 제3세계 빈곤국가에서, VISTA 요원들은 미국 내 빈곤지역에서 정부로부터 최저 생활비만을 받고 종일제로 근무한다. 국내자원봉사자법은 바로 그들에게 수당지원, 보험 등을 통해 공공자원봉사의 안전한 활동을 법으로 보장한 것이다.

미국처럼 직접적이지는 않지만 주로 사회복지 자원봉사 일을 하는 일본의 민생위원들 역시 공공자원봉사자라 할 수 있다. 이들은 신분은 민간인이지만 실제는 이들을 위한 별도의 법이 있고 후생성 대신이 임기제(3년)로 위촉하며 정부가 교통비 등 실비의 수당을 제공하기 때문이다. 그러나 미국의 VISTA 요원 등이 1~2년씩 계약으로 종일제 근무를 하는데 반해 이들은 명예직으로 파트타임 봉사를 한다. 일본의 민생위원 수는 1990년에는 약 20만 명에 달하였다. 이들은 대도시의 경우 2백70가구당 1인, 시골은 1백20가구당 1명꼴로 지정되어 있으며 평균연령은 남자58.5세, 여자 55.6세이다. 이들의 활동은 일본 전역 3천 4백 개에 이르는 사회복지협의회 조직이 별도의 부서를 두어 관장한다.

③ 민간활동의 조직화　민간자원봉사활동이 가장 잘 조직된 나라는 미국이라 할 수 있다. 미국의 민간 자원봉사활동은 공공자원봉사가 시작되기 훨씬 전인 1920년대부터 지역자원봉사센터를 중심으로 조직화, 확산되었다. 최초의 민간 자원봉사센터는 1926년 보스톤에서 창립된 보스톤 자원봉사센터(Volunteer Bureau of Boston)인데 필라델피아, 세인트루이스 등 미국과 캐나다 각 지역으로 확산되면서 지역사회 자원봉사운동의 구심점이 되었던 것이다.

초기에는 많은 지역이 단 한명의 조정자(coordinator)가 자원봉사 정보제공, 모집, 배치, 훈련 등의 업무를 도맡아 해 오다 제1차 세계대전 이후 전쟁미망인 돕기 등 수요가 늘어나면서 점점 규모가 커지고 체계화 되었다. 이들 자원봉사센터는 United Community Funds and Council of America(후에 United Way : 공동모금으로 발전됨)의 재정지원을 받아 전미자원봉사협회(AVBA : Association of Volunteer Bureaus of America)를 구성하고 이 단체는 이후 1970년 NCVA(The National Center for Volunteer Action Center)로 확대 개편됐다. NCVA는 이후 1979년 전국자원봉사정보센터(NICV)와 통합, VOLUNTEER : The National Center for Citizen Involvement로 개명된 후

1991년 촛불재단(POLF)이 등장하면서 통합돼 오늘에 이르고 있다.

1994년말 미국 내 각 지역사회에 분포된 지역자원봉사센터의 수는 모두 501개에 달하였다. 미국정부의 민간 자원봉사 지원은 역시 1971년 ACTION이 창설되면서 본격화됐다. ACTION은 창설 후 각 주에서 공공자원봉사 프로그램들을 관장하면서 또한 민간 활동에 대한 재정보조, 기술훈련 등 지원도 담당했다.

미 정부의 이같은 민간 지원은 1990년 전국 및 지역사회봉사법(National and Community Service Act)에 의해 촛불재단(The Points of Light Foundation)을 설립하면서 절정을 이룬다.

촛불재단은 회장을 대통령이 직접 임명하고 국회에서 독립적인 예산편성을 받는 정부 출연기관이나 창립 후 미국 전역의 지역자원봉사센터 연합체인 VOLUNTEER와 통합을 해 민간 전국기구로 출범을 했다. 그리고 아메리칸 익스프레스, AT&T, 코카콜라 등 2백여 기업체들이 이 재단에 기부금을 내고 있다. 이 재단은 그동안 전국의 자원봉사센터를 통해 모두 80만 명을 5만5천 개의 비영리 기관들에 알선하고 범국민적인 홍보, 조사, 데이터베이스 구축 등 다채로운 활동을 펴고 있다.

영국은 지역자원봉사센터나 그 연합체보다 각 직능 단체, 협회들의 전국 연합체가 잘 조직되어 있다. 영국에는 미국과 같은 지역자원봉사센터가 2백50개 있다. 이들은 내무부의 자원봉사국(VSU)으로부터 재정지원을 받고 있다. 영국의 특징적인 범 자원봉사 연합기구인 전국 자원봉사조직협의체 (NCVO : The National Council for Voluntary Organization)는 1924년 창설돼 적십자를 비롯, 전국 지부를 가진 민간 직능협회만 9백여 단체를 회원으로 가지고 있다. 이 기구의 개인 및 단체 회원은 모두 15만 명에 이른다.

일본에서는 전국에 있는 3천4백의 사회복지협의회 조직을 통해 자원봉사가 관리되고 있다. 1951년 설립된 사회복지협의회는 1975년 시, 구, 정, 촌 협의회에 자원봉사센터를 설립하고 중앙에 전국 자원봉사활동진흥센터를 설치했다. 1994년 현재 일본 자원봉사센터의 수는 중앙이 1개소, 도, 부, 현 및 지정도시 사회복지협의회가 57개소, 시, 구, 정, 촌 협의회는 3천 367개소에 이르고 있다. 일본 자원봉사 활동의 조직화는 최근 사회복지협의회 외에도 학교, 기업들이 참여하는 전국조직체의 결성으로 이어지고 있다. 1994년 6월에 창립된 '광역 볼런티어의 범주' 연락회의가 바로 그 같은 것이다. 이 연락회의는 최근 일본 내에서 늘어나는 각 분야의 자원봉사활동을 더욱 조직화, 활성화하기 위해 사회복지협의회 외에 일본 상공회의소, 일본 노총, 전국 농협중앙회, YMCA 등 청소년 단체 등 전국 규모의 사회단체 41개가 모여 결성한 것이다.

④ 청소년 교육과정에 접목 선진국의 주목되는 변화 중의 하나는 자원봉사를 청소년들의 학교 교육과정에 접목시키려 하는 것이다. 이 접목은 자원봉사를 정규 교과과정에 포함시키고 나아가 졸업필수, 또는 입시와 연결해 '강제' 하려는 것으로 나타나고 있다.

1985년 메릴랜드 주가 미국내 최초로 주내 모든 중등학교로 하여금 자원봉사를 선택과목으로 설치토록 의무화하였다. 그리고 주정부 지원으로 메릴랜드학생봉사연맹(Maryland Student Service Alliance)을 설립했다. 이때부터 청소년들을 위한 자원봉사교육은 단순히 비조직적 학습이 아니라 체계적, 조직적인 학습 즉 '봉사학습(service learning)'으로 표현되며 교육

전문가들의 참여와 개입이 시작됐다. 메릴랜드 주는 이 같은 봉사학습 방법이 성공하자 주내 공립 고등학교 학생들은 졸업을 위해 75시간의 자원봉사를 의무적으로 하도록 법제화하였다. 이 같은 조치는 점차 미국 전역으로 확산돼 1994년 말 미국 내 17개 주에서 의무화가 법제화되고 있다. 이 초, 중, 고등학생들에 대한 자원봉사의 '강요'는 미국에서 곧바로 일본에 전파되고 있다.

일본은 1992년 문부성 지침으로 역시 교교입시에 중학생 자원봉사의 내용을 반영하도록 지침을 내리고 앞으로는 대학내신에도 이를 반영할 방침인 것으로 알려지고 있다. 또한 1977년부터 문부성 국고보조사업으로 자원봉사협력교라는 자원봉사육성 시범학교가 지정, 운영되어왔다. 이 협력교는 1991년도에 약 8백 개가 지정되었다가 이후 그 수가 크게 증가하였다. 동경도에서는 1984년 처음 등장해 1991년까지 총 4백54개 교가 지정되어 당시 도내 초, 중, 고교 총수의 16.2%를 점유하였다. 이 자원봉사협력교는 학생들을 관내 불우아동, 장애인, 노인가정 및 시설들에 파견해 자원봉사활동을 펴게 하고 교내에서 비디오, 영화상연, 강연회, 전시회 등을 개최, 학생들의 자원봉사의식을 고취시킨다. 이 밖에 학교신문을 통한 모금, 홍보, 자원봉사축세, 장애인체육대회, 지역인 초청 학예회, 집단회식 등 사업을 펴고 지역 내 고령자 수, 사회복지자원, 하천수질, 난민들에 관한 조사와 연구도 한다.

교육현장의 학생자원봉사 조직화는 초, 중등학생들 뿐만 아니라 대학생들의 자원봉사활동을 조직하는 단계로까지 발전되고 있다. 미국 대학들의 경우 대부분의 학교들이 교내에 학생 자원봉사활동을 지원하는 특별 센터를 마련하는가 하면 별도의 과목개설, 또는 연관 학점제등 다양한 형태로 제도화를 꾀하고 있다. 미 대학 자원봉사 연합체인 'Compact'가 1993년 소속 3백80개 대학들을 상대로 실시한 조사를 보면 자원봉사를 커리큘럼과 연계해 특별과목으로 개설한 경우가 66%, 관련과목 시간에 학점을 주는 경우가 58%, 교수들의 참여나 관심촉구 등 대학 측이 자원봉사를 장려하는 경우가 23% 자선이나 자원봉사를 가르치는 과목개설이 21%, 졸업필수로 정한 경우가 9%에 달하고 있다.

⑤ 기업체의 사원 자원봉사 육성 기업들이 앞장 서 사원들을 지역사회에 보내 자원봉사를 하게 하는 기업 자원봉사도 1970년대 이후 두드러진 자원봉사 제도화 움직임중 하나이다.

1991년 조사에 따르면 미국 1백대 대기업 중 45%가 사원 자원봉사 프로그램을 가지고 있었다. 이어 1992년도 조사에선 4백54개의 응답기업 중 92%가 사원 자원봉사를 위한 회사 지원체제를 보고했다. 오늘날 선진국 기업들은 사원 자원봉사를 다목적 차원에서 추진하고 있다. 사원들의 인성개발, 지역사회에 대한 이미지 홍보 등 여러 가지 목적을 노리고 있다. 그러나 보다 중요한 것은 사원들의 결집된 봉사활동을 통해 기업의 생산성이 높아지는 사실을 발견한 것이다. 사원들은 지역사회에 나가 봉사활동을 하면서 응집력을 키우고 회사 내에서 느껴보지 못했던 신선한 보람을 느끼는 것이다. 1993년 미국 내에서만 20만 명의 IBM사원 중 거의 절반인 9만여 명이 자원봉사를 했다. IBM 일본지사의 경우도 1990년부터 사원들의 자원봉사활동을 위해 1~2년간의 유급휴가를 제공하고 있다.

한편 일본의 경단연(經團聯)은 1991년 자원봉사활동 및 모금창구가 되는 사회공헌부를 사무국내에 개설한 데 이어 소니 등 10여 개 업체도 기업시민부, 사회업무실 등을 잇따라 설치했다. 이와 함께 사원들의 자원봉사활동을 뒷받침하기 위해 1년간의 유급휴가제도를 운영하고 있는 업체도 삿포로 맥주, 리쿠르트 등 50개 업체나 된다.

Ⅱ. 우리나라 자원봉사활동의 발전과정

우리나라 자원봉사활동의 발전과정은 우리 조상들의 봉사전통(중앙일보사, 1996:24-25), 자원봉사의 도입과 조직화, 자원봉사의 확산(이혜원, 2003:56-61)으로 구분하여 살펴본다.

1. 우리 조상들의 봉사전통

자원봉사는 우리 전통사회에서도 오랜 뿌리가 있다. 이웃이 어려움을 당했을 때 자발적으로 나서서 도와주던 두레, 각종 상부상조 계, 향약 등은 미풍양속들이다.

두레는 촌락단위로 조직된 성인 남자들의 작업공동체로서 협동과 공동오락, 사회적 약자에 대한 노동력 부조 등을 행했다. 두레에서는 과부·병약자 등 노동력 결핍자의 농지에 대해서는 무상으로 노동을 제공했다. 두레는 지방에 따라 공굴·공굴이·조리·동네논매기·향두품어리 등 다양한 명칭으로 불렸다. 마을 안에 중병자나 불구자·과부 그리고 초상당한 사람이 있으면 농사를 같은 마을 사람들이 공동으로 지어주는 것이었다. 무보수봉사를 원칙으로 각자 점심을 갖고 와서 일을 해주거나 그 마을의 유력자 또는 부자가 공굴날 주식(酒食)을 부담하는 관례도 있었다.

부근은 북한지방에서 널리 행해지던 풍습으로 공굴보다 봉사 범위가 넓어 농사일 뿐만 아니라 동네사람이 집을 신축할 때나 10세 이하의 아이가 죽었을 때의 장사, 그 밖에 부근 조직의 우두머리인 존위(存位)가 도와줄 필요가 있다고 인정했을 때 노력 봉사를 했다. 두레는 해방 이후 거의 사라졌으나 농촌마을에는 그 유례가 남아 있다. 한 예로 강원도 산간지방에서는 '화막꾸리기'라고 불리는 노력봉사 관행이 이루어지고 있다.

계는 오늘날에도 많이 성행하고 있는 상부상조 관행인데, 상호부조를 목적으로 하는 계로는 다음과 같은 종류가 있었다.

① 혼상계는 가장 많이 조직·운영된 계로 혼상에는 많은 비용이 들기 때문에 주로 이를 감당할 수 없는 서민층의 사람들끼리 계를 맺고 공제를 행한 계다. 위친계·혼계·상계·동갑계 등 다양한 명칭을 지니고 있다. ② 학계는 학비가 없어 서당에 다니지 못하는 아동들에게 배움의 길을 터준 것으로서 오늘날 고향을 배경으로 한 각종 장학금과 접목되었다. ③ 양로계는 계원의 노부모에게 정기적으로 경로·양로 잔치나 선물을 제공한다든지, 또는 거기에 덧붙여 마을의 노인들을 보살피는 등의 봉사활동을 하는 계다. ④ 동방계는 각종 과거시험에 동기로 합격한 사람들끼리 맺는 계로서 계원의 재앙·불행이나 빈곤에 공제하는 계다. 오늘날에도 다수 계승되고 있다. 계는 미래의 사고를 미리 예견하고, 그에 대해 구성원들이 공동으로 대비했다는 점에서 오늘날의 의료보험제와 같은 사회보험제도와 운영원리가 유사하다.

일제시대에 조사된 자료에 따르면 1937년에는 전국적으로 2만8천6백43개의 계에 88만2천7백18명의 가입자가 있었다 한다. 오늘날에는 계라는 이름 대신 무슨회 식으로 명칭상에 변화가 있으나 '계라는 것은 모임이다(契者會也)'라는 말에서도 알 수 있듯 본질은 동일한 것이다.

자원봉사를 주목적으로 하는 회들이 있는데 이러한 회들에서 전통사회 상부상조계의 변형된 형태를 확인할 수 있다.

향도는 상여 메는 사람을 향도라 한 것과 연관이 있는데 마을에 흉사가 있을 때만 무보수로 봉사하는 일종의 장의봉사다.

부조는 마을에서 누군가가 집을 지을 때 일할 도구와 점심을 들고 가서 도와주는 것으로 농사를 짓지 않는 사람이나 과부·홀아비·노인만 사는 집의 지붕을 이을 때 짚단을 무료로 제공하거나 노동력을 제공했다. 불난 집의 뒤치닥거리와 재건에 물자와 노동력을 무상으로 제공하기도 했다.

향약은 지역사회의 발전과 지역주민들의 교화를 목적으로 한 지식인 중심의 자발적인 협동조직으로 불행한 일을 당했을 때에 원조를 제공했음을 알 수 있다(중앙일보, 1994.7.26).

2. 자원봉사의 도입과 조직화

우리나라는 부락민들끼리 상부상조하는 형태의 두레, 품앗이, 계, 향약 등의 전통이 존재하여 왔다. 그러나 이러한 전통은 자원봉사정신에 입각한 것이라기보다는 서로 품을 팔아 상호 부조하는 경제적 보상의 측면을 강하게 지니고 있다는 점에서 본래 의미의 자원봉사라고는 볼 수 없다(현대사회연구소, 1985:11)는 견해도 있다. 현대적 의미의 자원봉사활동이 우리나라에 도입되기 시작한 것은 1903년의 한국 기독교청년회(YMCA) 창립을 계기로 비롯되었다고 할 수 있다(문인숙, 1984:110). 즉, 기독교의 전파에 따라 기독교 사상, 민주주의 철학 등이 유입되면서 교회 및 관련 단체의 자선적·박애적 활동을 중심으로 초보적 형태의 자원봉사활동이 시작되었다고 하겠다.

1921년에는 M. D. Myers 선교사에 의하여 우리나라 최초의 인보관인 태화기독교사회관이 설립되었다(한국사회복지관연합회 편, 1977:73). 이로써 우리나라에서도 인보운동이 도입되어 상부상조의 형태에서 발전된 인보사업이 여성계몽과 아동건강 증진에 중점을 두면서 전개되기 시작하였다. 이후 인보사업의 실시를 위하여 원주사회관(1926), 조선총독부에 의한 동부인보관(1928), Mark선교사에 의한 유린사회관(1930), 조선총독부에 의한 북부인보관(1935)·마포인보관(1936)·성동인보관(1936)·영등포인보관(1936)·서부인보관(1936), 그리고 H. Boyles 선교사에 의한 인천사회관(1947) 등이 설립되었다(김범수, 1995:302-303). 이들 가운데 조선총독부에 의하여 설립된 6개의 인보관에서는 1927년부터 관에서 임명하는 방면위원 – 일본의 방면위원과 유사하나, 당시 식민지인 우리나라 국민에 대한 교화사업이 주요 목적이었다는 점에서 차이가 있다. – 이 행정위촉형 자원봉사자로서 활동하였으며, 1941년에는 250명으로 증원되었다(구자헌, 1970:194).

이와 같이 교화를 목적으로 조선총독부에 의하여 설립된 인보관들은 1945년의 일본 패망과 함께 1954년에 일제히 폐관을 하게 되었다. 그러나 순수한 종교적 동기에 의하여 설립된 4개의 사회관은 그 명맥을 유지하여 오다가 부산사회관(1952), 대전사회관(원주사회관을 전환, 1952), 이화여대 부설사회관(1956), 공주사회관(1957) 등이 설립되었다(김범수, 1995:303). 특히 1954년 이후의 인보사업은 보다 순수한 의미의 자원봉사활동이 전개되는 바탕을 마련하였다고 할 수 있다. 즉 모든 인간은 신 앞에서 평등하다는 관점에서 지역사회의 문제로 서로 함께 생각하고 실천함으로써 인본주의와 자원봉사정신을 육성하는데 기여하였다고 하겠다.

한편 일제시대의 구국운동으로 시작된 학생운동 및 관련활동도 자원봉사의 성격을 지니고 있다고 할 수 있다(이미정, 1996:29). 해방 이후에는 이러한 성격의 학생활동이 사회개량적 성격으로 전환되어 문맹퇴치를 위한 야학, 농촌봉사활동, 질병구제 등의 사회봉사활동으로 전개되었다.

1949년에는 대한적십자사조직법이 제정되어 대한적십자사가 창설되었으며, 1952년에는 한국사회연합회가 창립되었다. 따라서 1950년대에는 대한적십자사를 비롯한 YMCA, YWCA 등 각종 사회단체들이 한국전쟁으로 인한 사회문제를 해결하고자 산발적으로 자원봉사활동을 전개하였다.

당시 산발적으로 전개된 민간 사회단체의 자원봉사활동이 1960년대에는 적십자운동을 중심으로 보다 조직적으로 활성화되었다. 또한 카나다유니태리언봉사회 등의 외국원조기관으로부터 사회문제의 해결을 위한 체계적인 사회복지방법론이 도입되었으며, 1947년 이후 발전되어온 대학에서의 사회사업교육의 영향으로 민간단체 및 기관의 자원봉사활동이 점차 사회복지활동의 일부로 통합되어 질적인 향상을 도모하게 되었다.

1961년부터 1963년까지 제정된 약21개의 사회복지관계법령 가운데, 특히 외국민간원조단체에 관한 법(1963)과 사회단체등록에 관한 법(1963)을 근거로 민간사회단체 및 기관의 자원봉사활동을 보호하고 육성하게 되었으며, 단계적으로 제도화되었다.

또한 1950년대까지 인보관을 중심으로 전개되어 왔던 인보사업은 다양한 사회복지관계법령의 제정을 계기로 보다 폭넓게 사회문제를 해결하고 예방하기 위한 사회복지사업으로 확대되었다. 실제로 태화기독교사회관에서 태화기독교사회복지관(1975)으로 명칭이 변경되었으며, 목포사회복지관(1964), 인천사회복지관(1965), 이천사회복지관(1967), 마포사회복지관(1968), 한국아동재단 관련 15개의 사회복지관(1975), 중앙대학교부설사회복지관(1976) 등이 설립되었다(김범수, 1995:304-305).

이와 같이 설립된 사회복지관의 활동과 관련하여 1970년대에는 대학생 농촌계몽운동, 새마을운동 등으로 사회봉사활동의 영역이 점차 확대되어 갔다. 예를 들어 지역사회학교후원회(1969), 생명의 전화복지관(1976), 한국사회복지협의회(1978) 등에서 자원봉사자를 위한 교육과 훈련을 실시함으로써 자원봉사활동의 양적 확대 및 질적 향상을 도모하였다.

특히 1978년부터 한국사회복지협의회는 전국 5개 지역에 사회봉사안내소를 개설하여 자원봉사자의 모집 및 교육을 통한 양성, 배치, 사후지도 등의 자원봉사활동의 조정 기능을 수행하여 왔다(한국사회복지협의회, 1990:134). 따라서 전국적으로 자원봉사자의 개발과 제도적 활용이 점차 확대되기 시작하였다. 1979년부터 각 대학에서는 자원봉사 관련 교과목을 개설하여 학생들을 위한 자원봉사교육이 시작되었다.

3. 자원봉사의 확산

경제수준의 향상, 국민의식의 증대, 가족구조의 변화 등의 영향으로 1980년대에 이르러 많은 사람들이 자원봉사활동에 관한 관심을 갖게 되었다. 특히 1984년에 한국여성개발원에 의하여 자원봉사인력은행이 설치되고, 1985년에는 올림픽조직위원회에 의하여 자원봉사단이 구성됨으로써 보다 조직적으로 자원봉사활동이 전개되게 되었다. 또한 1986년의 아시안게임과 1988년의 올림픽이 개최되면서 전국으로 자원봉사의 의미를 인식시키고 자원봉사활동이 확산되기도 하였다(이미정, 1996년:29).

1989년에 마련된 사회복지관설치 운영규정과 정부의 지역사회복지정책에 의하여 1989년 이후부터 사회복지관이 급증, 1994년 말 현재 254개소에 이르고 있다(보건복지부, 1995:310). 또한 1991년에 재가복지봉사센터의 설치·운영지침을 마련하여 1994년 현재 전국 시이상 도시지역에 166개소의 재가복지봉사센터(사회복지관 부설 151개소, 사회복지협의회 부설 15개소)를 설치·운영하게 되었다(보건복지부, 1995:311).

1994년 4월에는 대한적십자사, 대한사회복지회, 홀트아동복지회, 한국자원봉사능력개발연구회 등을 포함한 35개 자원봉사단체의 총연합회가 구성되어 전체국민에게 자원봉사정신을 파급시키고, 전국적인 자원봉사활동의 체계화를 도모하고자 노력하고 있다. 또한 같은 해 7월부터 중앙일보사에 의하여 자원봉사캠페인이 추진되고 있으며, 실제로 우리나라 자원봉사활동의 확대 및 활성화에 기여하고 있는 것으로 평가된다(김영호 외, 1996:101).

이와 같이 자원봉사활동의 필요성에 대한 공감대가 확대되면서 사법부와 행정부가 자원봉사를 공무원연수과정의 필수과정으로 선정하였으며, 대법원은 법

관임용시에 사회봉사활동의 실적을 반영하기로 결정하였다(이미정, 1996:31). 또한 많은 대학들이 사회봉사를 교양과목으로 개설하여 자원봉사활동에 대한 학점을 인정하기로 하였다. 대기업들에 있어서도 신입사원 채용과 직원연수의 경우에 자원봉사실적을 반영하고 있으며, 실제로 삼성그룹의 사회봉사단, 제일은행의 자원봉사대 등이 창설되었다.

우리나라에서도 미국의 국내자원봉사법(1973년)과 같은 자원봉사활동을 지원하기 위한 법적 근거를 마련하고자 자원봉사진흥법안이 국회에 상정되어 있다. 1995년 5월 31일에는 교육개혁방안이 발표되었는데, 이에 의하면 1996년부터 초·중·고교에 종합생활기록부를 도입하여 관리하도록 하고 있다(교육부, 1995:47-50).

또한 자원봉사활동을 통합 관리하는 행정체계 구축이 필요하다고 판단하여 1995년 당시 내무부 사회진흥과에서 자원봉사활동 관련 업무를 총괄 관리하도록 하였으며 1996년부터 전국 자치단체 당 자원봉사센터 설치를 추진하여 2003년 현재 222개소가 설치되어 있다.

그리고 2002년 11월에는 세계자원봉사대회 조직위원회 주최로 제17차 세계자원봉사대회를 우리나라에서 개최, 전세계 자원봉사단체의 화합과 교류의 장을 마련하여 우리나라 자원봉사활동을 전 세계에 알림으로 국가위상을 제고하는데 기여한 바 있다(류기형 외, 2004:94).

자원봉사활동기본법이 2005년 6월 30일 국회를 통과하여 2005년 8월 4일 법률 제7669호로 공포되었다. 이 법은 부칙의 규정에 의거, 공포일로부터 6월이 경과된 2006년 2월 5일부터 시행되게 되었다.

이 법의 내용은 다음과 같다.

<표-1> 자원봉사활동기본법의 내용

조	내 용	조	내 용
1	목 적	11	학교·직장 등의 자원봉사활동 장려
2	기본방향	12	포 상
3	용어의 정의	13	자원봉사자의 날 및 자원봉사주간
4	국가 및 지방자치단체의 책무	14	자원봉사자의 보호
5	정치활동 등 금지의무	15	자원봉사활동의 관리
6	다른 법률과의 관계	16	국·공유재산의 사용
7	자원봉사활동의 범위	17	한국자원봉사협의회
8	자원봉사진흥위원회	18	자원봉사단체에 대한 지원
9	국가기본계획의 수립	19	자원봉사센터의 설치 및 운영
10	연도별 시행계획 수립	20	벌 칙

❖ 참 고 문 헌 ❖

교육부, 교육개혁 추진 홍보자료(1), 1995.

具滋憲, 韓國社會福祉史, 韓國社會福祉硏究所, 1970.

金德俊 外, 新社會事業概論, 韓國社會福祉硏究所, 1970.

김범수, 한국 지역사회복지관의 발전과정, 홍익재, 1995.

金泳浩 外, 自願福祉活動과 福祉敎育, 學文社, 2000.

________, 福祉社會와 自願福地活動, 강남대학교 자원복지센터, 1996.

류기형 외, 자원봉사론, 양서원, 2004.

문인숙, "자원봉사활동의 이론과 실제", 이화여자대학교 한국여성연구소, 여성과 자원활동 1982.

______, “자원봉사활동의 이론과 실제” 한국여성개발원, 여성자원활동인력은행사업, 1984.

朴錫敦, “韓國의 天主敎社會福祉事業에 관한 硏究” 大邱大學校 大學院 碩士學位論文, 1981.

보건복지부, 보건복지백서, 1995.

梁寅基, “自願奉仕活動開發에 관한 硏究” 中央大學校 社會開發大學院 碩士學位論文, 1980.

이미정, “자원봉사활동의 활성화방안에 관한 연구” 부산대학교 대학원 석사학위논문. 1996.

李昶浩, “선진국 자원봉사와 우리의 과제” 시민사회 자원봉사의 길 개념편, 중앙일보사, 1996.

______, “외국 자원봉사의 경향” 시민사회 자원봉사의 길 개념편, 중앙일보사, 1996.

이혜원, “자원봉사활동의 역사와 최근 동향” 한국복지연구원, 현대사회의 자원봉사론, 유풍출판사, 2003

趙彙一, “사회개발과 봉사활동의 역할” 夢山河相洛敎授 頌壽論文集, 農園文化社, 1975

한국사회복지관연합회 편, 사회복지관총람, 1977.

한국사회복지협의회, 사회복지실무, 한국사회복지협의회출판부, 1990.

현대사회연구소, 자원봉사활동의 실태조사연구, 1985.

野上芳彦·李泰榮 譯, 볼런티어活動, 大邱大學校出版部, 1982.

제 4 장

우리나라 자원봉사의 현황과 추진체계

UN이 2001년을 '세계자원봉사자의 해(IYV : International Year of Volunteers)로 제정함으로써 시민자원봉사는 21세기의 중요한 화두로 부상되고 있다. 즉 IYV 제정을 계기로 자원봉사활동을 촉진, 장려하여 자원봉사자의 공헌을 더욱 증대시키고 이들의 활동이 장려될 수 있는 여건과 호의적인 분위기를 조성하는 계기를 마련하고자 하였던 것이다.

우리나라에서도 최근 자원봉사활동에 대한 관심이 확산되고 있는데, 일부에서는 자원봉사활동을 시민참여활동으로 인식하고자 하는 경향이 더욱 높아지고 있으며, 정부에서는 자원봉사활동을 정책의 대상으로 삼으면서 민·관의 공동관심사로 부각되고 있다. 특히 행정자치부, 보건복지부, 문화관광부, 여성부 등 중앙부처에 자원봉사활동 업무를 담당하는 부서가 설치되는가 하면, 1990년대부터 정부지원의 각종 자원봉사활동센터들이 전국적으로 설립되고 있다. 교육인적자원부에서는 교육개혁의 일환으로 1995년부터 중고등학생의 자원봉사활동을 생활기록부에 점수화하고 있을 뿐만 아니라 현재 자원봉사활동기본법을 제정하고, 이를 충실하게 운영하기 위한 관계기관의 노력이 계속되고 있다.

Ⅰ. 우리나라 자원봉사의 현황

1990년대에 정부의 각종 자원봉사활동센터가 전국적으로 설립되고 학생봉사활동이 제도화되면서 자원봉사활동의 참여율은 괄목할 만하게 증가되었다.

그러나, 주요국가의 자원봉사참여율과 비교해 보면 참여율이 저조한 편이다.

<표-1> 주요 국가의 자원봉사 참여율

(단위 : %)

구 분	우리나라		미 국		영 국		일 본	
	연도	참여율	연도	참여율	연도	참여율	연도	참여율
1990년대 초	1991	5.4	1989	54	1991	51	1991	20
1990년대 말	1999	13.0	1999	55.5	1997	48.0	1998	25.0

* 자료 : 김동원, 2001:38
교육인적자원부, 자원봉사활성화 추진계획(안)2004.:2
통계청, 사회통계조사보고서 1999:265

1990년대 말 미국, 영국, 일본의 성인 자원봉사 참여율은 각각 55.5%, 48.0%, 25.0%였으나 우리나라 성인의 자원봉사참여율은 13.0%에 불과하였다.

2003년, 통계청(2004:15) 조사결과에 따르면 2002년 9월에서 2003년 8월까지 우리나라의 15세 이상자의 자원봉사활동에 참여한 비율은 14.6%로 나타났다. 한국갤럽조사에서는 20세 이상 성인인구 중 79.7%가 자원봉사에 긍정적 관심을 갖고 있으나 실제 자원봉사참여인구는 16,3%로 조사된 바 있다(한국갤럽조사, 2002. 교육인적자원부 등, 2004:2).

또한, 통계청(2004:15)조사에 의하면 자원봉사활동분야 중 아동·청소년

·노인·장애인 등 복지시설 관련 자원봉사활동이 38.4%, 환경보전·범죄예방과 관련된 자원봉사활동이 38.0%를 차지하였다.

<표-2> 자원봉사활동 참여분야

(단위 : %)

구 분	15세 이상 인구	참여한 적 있다	환경보전, 범죄예방	국가, 지역 행사	자녀교육 관련	아동,청소년, 노인,장애인	재해지역, 시설복구	기타	참여한 적 없다
1999									
전 국	100.0	13.0	40.1	8.1	12.3	34.2	8.7	11.8	87.0
남 자	100.0	12.2	46.4	10.9	2.5	26.5	13.6	16.9	87.8
여 자	100.0	13.8	34.8	5.8	20.5	40.7	4.3	7.5	86.2
2003									
전 국	100.0	14.6	38.0	10.4	8.7	38.4	10.0	14.9	85.4
남 자	100.0	15.1	44.5	12.2	3.4	29.9	14.4	18.3	84.9
여 자	100.0	14.1	31.4	8.6	14.1	46.9	5.4	11.4	85.9

한편, 연간 자원봉사활동 평균참여횟수는 '아동·청소년·노인·장애인과 관련된 자원봉사'가 10.9회로 가장 많았고, 평균참여시간은 '재해지역 시설복구'가 6.5시간으로 가장 길었던 것으로 나타났다(Ibid:15).

<표-3> 자원봉사활동 평균참여횟수 및 1회 평균시간

구 분	계		환경보전, 범죄예방		국가, 지역행사		자녀교육 관련		아동, 청소년, 노인, 장애인		재해지역 시설복구	
	평균 참여 횟수	1회 평균 시간	평균 참여 횟수	1회 평균 시간	평균 참여 횟수	1회 평균 시간	평균 참여 횟수	1회 평균 시간	평균 참여 횟수	1회 평균 시간	평균 참여 횟수	1회 평균 시간
전 국	10.9	4.7	10.2	3.3	7.0	4.9	8.5	2.2	10.9	4.4	3.6	6.5
남 자	10.8	5.0	11.1	3.4	7.5	5.0	13.7	2.3	9.1	4.6	3.8	6.6
여 자	11.0	4.4	9.0	3.1	6.2	4.7	7.3	2.2	12.0	4.3	3.2	6.4

그리고, 고무적인 사실은 당시 1년 동안(2002. 9. 1. ~ 2003. 8. 31.)자원봉사활동에 참여했던 사람들은 앞으로도 자원봉사를 하겠다고 응답한 비율이 81.5%였고, 참여하지 않는 사람들 중에서도 27.6%는 자원봉사에 대한 참여의사를 가지고 있었다는 것이다(Ibid:16).

<표-4> 향후 자원봉사 활동참가 여부

(단위 : %)

구 분	15세 이상 인구	경험 있다	계속 하겠다	기회 주어 지면 하겠다	하고 싶지만 지금은 어렵다	할 생각이 없다	경험 없다	계속 하겠다	기회 주어 지면 하겠다	하고 싶지만 지금은 어렵다	할 생각이 없다
전 국	100.0	14.6	42.7	38.8	16.5	2.0	85.4	-	27.6	43.4	28.9
동 부	100.0	13.9	40.0	40.4	17.6	2.0	86.1	-	28.7	45.6	25.7
읍 면 부	100.0	17.6	51.8	33.4	12.7	2.1	82.4	-	22.6	33.4	44.0
성 별											
남 자	100.0	15.1	43.1	39.1	15.6	2.2	84.9	-	27.9	44.4	27.6
여 자	100.0	14.1	42.3	38.5	17.5	1.8	85.9	-	27.3	42.5	30.1

Ⅱ. 우리나라 자원봉사의 추진체계

자원봉사활동이 원활하게 이루어지기 위해서는 자원봉사자들을 활용하는 수요측면도 필요하지만 공급측면에서 자원봉사자를 육성하고 추진하는 체계적인 노력이 필수적이다. 체계적이고 조직적인 활동은 잠재적 자원봉사자의 참여를 증진시킬 뿐 아니라 효과적이고 효율적인 자원봉사활동이 되도록 한다.

우리나라 자원봉사활동 추진체계로는 사회복지정보센터, 재가복지봉사센터, 여성자원활동센터, 청소년자원봉사센터, 자원봉사센터, 학생봉사활동정보안내센터, 자원봉사진흥위원회 등을 들 수 있다.

<표-5> 각 부처 자원봉사센터 설치현황(2003년 기준)

구 분	보건복지부		여성부	문화관광부	행정자치부	교육부
센터명	사회복지 정보센터	재가복지 봉사센터	여성자원 활동센터	청소년자원 봉사센터	자원봉사 센터	학생봉사활동 정보안내센터
설치근거	사회복지사업법 제9조	사회복지사업법 제41조의4	여성발전기본법 시행령 제29조의2	청소년기본법 시행령 제4조	행자부 지침	교육부 지침
설치 수 (설치단위)	17 (시·도)	354	156 (시·군·구)	17 (시·도)	250 (시·군·구)	180 (시·군·구 교육청)
주요기능	사회복지 자원봉사	재가복지 자원봉사	여성 자원봉사	청소년 자원봉사	자원봉사자 모집, 배치	학생봉사학습

* 자료 : 교육인적자원부 등 4개 부처, 자원봉사활성화 추진계획(안), 2004.:6
행정자치부, 자원봉사활성화 추진시책, 2003. 류기형 외,2004:96
여성부, 여성백서, 2003:347
보건복지부, 보건복지백서, 2003:268.

사회복지정보센터는 한국사회복지협의회가 자원봉사자의 육성, 교육을 위하여 1978년 사회봉사안내소를 개설한 것을 그 시발점이라 할 수 있으며 사회봉사안내소는 1994년 이후 자원봉사정보안내센터로 개칭하였다가 2001년부터 사회복지정보센터로 명칭을 변경하였다. 이 센터의 주요 서비스로는 자원봉사에 관한 국내외의 정보를 제공하고, 자원 봉사자의 접수와 연결 및 자원봉사자 관리 소프트웨어 등을 개발 보급하고 있으며 관련된 기초정보를 제공하여 자원봉사를 시작하는 분들에게 유용한 정보가 되고 있다. 또한 자원봉사교육이 가능한 전국의 인력정보를 안내하여 자원봉사활성화 교육에도 이바지하고 있다.

한국사회복지협의회는 1995년 11월 15일 삼성복지재단의 지원으로 사회복지 분야 전문정보통신망인 VT-NET 전산망을 개통하여 운영하였다. 이 VT-NET 서비스는 1996년 3월 이후 본격 가동되었으며 1997년 11월 인터넷 서비스를 시작하였고 1999년 12월부터는 자원봉사정보 이외에도 종합적인 사회복지정보를 서비스하는 사회복지 포탈 복지넷(bokji.net)으로 탈바꿈하여 서비스하고 있다.

지역사회 내에서 재가복지서비스가 필요한 장애인·노인·소년소녀가장·모자가정 등 요보호대상자에게 가사지원, 간병, 정서적 지원, 결연 등 서비스를 제공하기 위하여 1992년부터 재가복지봉사센터를 설치, 운영하고 있다. 재가복지봉사센터의 주요 사업내용은 자원봉사자를 모집, 교육, 배치하여 가정에서 보호를 요하는 대상자의 가정을 직접 방문하여 필요한 서비스를 제공하거나 지역사회 내의 후원자를 찾아 생활용품 등 경제적인 지원을 하는 데 있다(보건복지부, 2003:268-269).

여성자원활동센터는 1991년에 여성 자원봉사의 창구를 지역단위로 통합, 운영하기 위하여 한국 여성개발원에 설치되었다. 이 센터는 자원봉사활동을 희망하는 여성들이 개인별 또는 단체별로 이용함으로써 정부의 공공서비스분야에 여성들의 자발적인 참여와 봉사의 기회를 확대하고 자원봉사활동을 확산하는데 기여하고자 설치·운영 되었다. 센터의 주요기능은 다양한 여성자원활동의 전문영역 개발과 더불어 여성자원봉사자의 발굴, 모집 및 교육을 통하여 자원봉사 수요처에 연결해 주고 관련기관간의 정보교류 및 주민홍보 등을 하는 것이다. 2003년 12월 현재 전국 시·군·구에 156개소의 여성자원활동센터가 운영되고 있다(여성부, 2003:347). 이 센터는 거의 시·군·구 가정복지과에 설치되어 있으며 여성회관과 기타 기관에 설치되고 있다.

문화체육부에서 '청소년 자원봉사센터 설치·운영 지원계획'을 수립함으로써 1996년 중앙의 한국청소년자원봉사센터를 비롯하여 전국 16개 시·도 단위 1개소씩의 청소년자원봉사센터가 설치·운영 중에 있다. 중앙의 한국청소년자원봉사센터에서는 우리나라 청소년 자원봉사 진흥을 위한 기초조사 및 정책연구와 자원봉사활동 프로그램 개발·보급, 청소년 및 청소년 자원봉사활동 지도자들을 위한 교육교재 및 연수과정 재발, 청소년 봉사활동에 대한 체계적 정보제공을 위한 정보망 구축 등의 기능을 수행함으로써 전국 청소년 자원봉사활동 지원의 중심 역할을 수행하도록 하고 있으며, 시·도의 청소년자원봉사센터는 청소년들의 봉사활동에 대한 체계적인 정보제공과 프로그램개발·보급·홍보, 교육 등을 통하여 청소년의 봉사·협력정신과 사회공동체 구성원으로서의 참여의식을 제고하는데 크게 기여하고 있다(문화관광부, 2004:282-283).

1996년부터 행정자치부에서는 우리나라 자원봉사활동의 진흥, 장려와 체계적인 조정 관리를 위하여 전국 지방자치단체에 자원봉사센터를 설립하였다. 자원봉사센터는 지방자치단체에서 직영하거나 위탁해서 운영하기도 한다. 센터의 직원은 공무원, 민간인으로 구성되어 있다.

교육부에서는 2000년 11월 학생봉사활동 활성화를 위한 안내자료 '학생봉사활동 지도편람(2000:100)'에서 각 시도교육청에 학생봉사활동 정보안내센터를 설치·운영하도록 하고 지역교육청에서는 'E 봉사활동네트워크'를 설치 운영하도록 하였다. 각 시도교육청에서는 제7차 교육과정의 특별활동 중 봉사활동의 시간을 배정하고 시·도교육청과 지역교육청에 학생봉사활동 정보안내센터를 2001년부터 개설, 운영하게 하였다. 2003년 현재 학생봉사활동정보안내센터가 180개 운영되고 있다. 한편, 2000년 한국교육개발원에 설치된 평생교육센터와 지역평생교육정보센터에서는 퇴직교원·공무원·민간전문가들로 구성된 봉사단(예, 금빛봉사단)을 구성, 봉사활동을 펼치기도 한다.

우리나라 자원봉사활동기본법 제8조에는 자원봉사활동에 관한 주요정책을 심의하기 위하여 국무총리 소속하에 관계부처 및 민간전문가로 구성된 자원봉사진흥위원회를 두도록 규정하고 있다. 자원봉사진흥위원회는 자원봉사활동의 진흥을 위한 정책방향의 설정 및 협력·조정, 자원봉사활동의 기본계획과 연도별 시행계획, 자원봉사활동의 진흥을 위한 제도개선, 그 밖의 자원봉사활동의 진흥에 관한 사항 등을 심의하도록 하였다.

대한적십자사의 자원봉사활동은 아마도 우리나라에서 가장 오랜 역사를 가진 조직적 자원봉사활동일 것이다. 1905년 고종 칙령으로 대한적십자사 규칙을 제정함으로서 대한적십자사가 탄생하였다. 1919년 상해 임시정부 하에서도 독립군과 재외거주 동포를 위한 인도적 활동을 전개하였으며 1949년 대한적십자사조직법이 공포되어 대한적십자사가 재조직되었다. 1987년 대한적십자사조직법이 전면 개정되어 보다 조직적인 모습을 갖추고 자원봉사자를 조직·관리하고 있다.

<표-6> 대한적십자사의 주요 자원봉사활동

구 분	주요 자원봉사활동
1950년대	전후 시설복구를 위한 노력봉사, 전쟁이재민, 영세민 등에 대한 급식, 간호
1960년대	농번기탁아사업, 아동보호시설, 양로시설, 부랑아시설 등에 위문활동
1970년대	영세민구호, 긴급구호, 아동세대주 및 근로청소년지원, 독거노인지원, 미아보호
1980년대	행사안내, 급수봉사, 응급처치, 지역사회의 저소득층·아동·노인에 대한 봉사활동

대한적십자사의 자원봉사조직은 일반봉사조직, 전문봉사조직, 기타봉사조직 및 임·위원으로 구성되어 있다. 일반봉사조직은 청년·부녀·장년·노년층으로 구성된 일반지역·직장봉사회로서 지역 및 소속직장의 사회적 제 문제를 찾아 내어 해결하는데 상호협력하고 지역 내 가용자원을 최대로 활용하여 적십자 본연의 인도주의 사업을 수행함과 동시에 지역사회복지를 증진함을 목표로 하고 있다. 전문봉사조직은 분야별 또는 기능별로 전문적 지식이나 기술을 갖춘 자원봉사원들로 구성되어 있는데, 초·중·고·대학의 청소년적십자(RCY), 장애인을 위한 봉사회, 헌혈봉사회, 의료봉사회, 129봉사회, 외국어봉사회, 기동봉사회, 운전 및 이·미용봉사회, 연예인봉사회 등의 조직으로 되어 있다. 기타 봉사조직은 적십자사의 사업을 자

문 또는 후원할 목적으로 세워졌으며 수요봉사회, 사업자문위원회, 사업후원조직, 부녀봉사특별자문위원회, 재해구호협의위원회 등으로 구성되어 있다. 1996년 1월 전국 2,312조직에 48,095명의 봉사원이 적십자 사회봉사사업을 전개하고 있다(박경숙·김정우, 2003:75-76).

Ⅲ. 우리나라 자원봉사의 지원체계

우리나라 자원봉사활동 지원조직으로는 중앙정부 및 지방정부, 사회복지 관련 기관, 기업, 언론, 학교 등이 있는데 구체적 내용은 다음과 같다.

우선 중앙정부의 경우 자원봉사활동을 담당하는 부서로는 행정자치부, 보건복지부, 여성부, 문화관광부, 교육부가 있다. 보건복지부는 행정자치부가 주무부서가 되기 이전까지 자원봉사를 담당했던 곳으로 현재 보건복지부는 한국사회복지협의회 부설 '사회복지정보센터'와 자원봉사자활용을 주목적으로 하는 '재가복지봉사센터' 등에 예산 지원 및 행정지도를 하고 있다.

여성의 자원봉사활동 활성화를 지원하는 부서는 여성부이다. 여성부에서는 1992년부터 시·군·구 가정복지과를 중심으로 '여성자원활동센터'를 설립, 지도 감독하고 있으며 한국여성개발원은 자원봉사자 재교육에 힘을 쏟고 있다.

행정자치부는 현재 자원봉사활동의 주무부서로서 민간협력과에서 자원봉사활동을 담당하고 있다. 행정자치부에서는 시·도 및 시·군·구별 1개소씩 자원봉사센터를 설치하였으며 자원봉사센터의 기본 사업비 지원, 특수 시책 지원, 자원봉사센터 특수 번호(1365) 확대 보급 사업을 행하고 있다.

문화 관광부는 청소년 자원봉사 활성화를 위해 1995년 7월에 한국청소년단체협의회에 청소년 자원봉사센터를 부설하였다.

우리나라 자원봉사활동기본법 제17조에는 자원봉사단체가 전국단위의 자원봉사활동을 진흥·촉진하기 위하여 한국자원봉사협의회를 설립할 수 있게 하였다. 한국자원봉사협의회는 회원단체간의 협력 및 사업지원, 자원봉사활동의 진흥을 위한 대국민 홍보 및 국제교류, 자원봉사활동과 관련된 정책개발 및 조사·연구, 자원봉사활동과 관련된 정책건의, 자원봉사활동과 관련된 정보의 연계 및 지원 등의 활동을 하고 있다.

사회복지 관련기관 중 지원조직으로서는 한국사회복지협의회, 한국여성개발원, 한국사회복지관협회, 한국자원봉사포럼 그리고 기업, 언론 등이 있다.

우선 한국사회복지협의회는 사회복지를 발전시키기 위하여 조사연구, 교육훈련, 정책 건의 국제교류, 회원 난체 간의 조정 및 협의 등의 다양한 업무를 수행하고 있는데 1978년 한국봉사안내소를 설치한 이래 지속적으로 자원봉사 사업도 펼쳐 왔으며 전국 15개 시·도에 지역사회복지협의회 및 부설 지역복지봉사센터를 두어 운영 중이다. 이 협의회는 아동시설, 장애인시설, 노인시설, 정신요양시설, 부녀시설, 부랑인시설, 나불구(나환자)시설, 결핵요양시설 등 사회복지 수용시설에 자원봉사자를 공급한다. 또 지역사회복지협의회를 통해 연중 자원봉사자의 모집·양성교육·

배치 및 사후관리를 하고 있으며 사회복지법인 및 단체에 대해서도 교육·홍보·업무협조 활동을 펴고 있다.

한국여성개발원은 1984년부터 1992년까지 여성자원활동인력은행을 운영해 왔다. 이 사업을 통해 그 동안 산발적으로 진행되어 오던 자원봉사활동에 관한 인식을 제고해 왔다. 1993년부터는 자원봉사활동에 관한 조사연구, 자원봉사활동 관련자료 및 교육 프로그램을 개발하여 관련 기관과 일선 활동자들을 지원해 왔다(한국사회복지협의회, 1997:143).

한국사회복지관협회는 사회복지사업법에 의거, 사회복지관의 육성과 균형 발전을 위한 제반 사업과 사업 수행에 따른 지식, 기술, 정보교류 및 시범사업개발을 통해 전체 사회복지관 운영의 내실을 기함으로써 저소득층 및 지역사회 주민의 복지증진에 기여하고자 1989년에 설립된 기관이다. 1992년에 사회복지관 부설 재가복지봉사센터 관리 업무를 보건복지부로부터 위탁받음으로써 자원봉사 활용에 대한 필요성을 인식하여 자원봉사알선센터를 개설하였다(Ibid.:74-75).

한국자원봉사포럼은 1995년 10월에 창설되어 자원봉사 활성화를 위한 대중교육과 인식 제고 및 정책 제안 등에 관한 포럼을 전개하는 등 독특한 역할을 창출하고 있다. 즉, 정부, 학계, 사회복지기관 및 시설, 기업, 언론계 자원봉사 전문가들의 집단으로 각계의 문제와 실천방안을 제시하고 있다(Ibid.:144).

기업의 자원봉사활동의 지원은 몇몇 대기업 위주로 행해지고 있다. 삼성그룹은 30개의 독립된 법인체로 구성되고 있고, 각각의 법인체는 주된 봉사활동 한 가지씩을 가지고 있으며 전체 활동을 관리하고 조정하기 위하여 삼성사회봉사단을 운영하고 있다. 자원봉사 팀은 회사별, 지역별, 기능별, 직위별, 입사 동기별 등 다양하게 구성되어 있으며 최고 경영자 봉사팀, 임원부인 봉사팀 등도 특이한 팀이라고 할 수 있다. 그리고 삼성전자에서는 일정한 품목, 텔레비전, 냉장고, 세탁기 등을 구입하는 고객에게 일정 금액의 사랑의 쿠폰을 주고, 고객이 그 쿠폰을 보내는 기관에 현금을 보내는 형태의 '작은 나눔 큰 사랑' 캠페인을 전개함으로써 고객들을 참여시키고 있는데 이것은 지원 금액이 매우 큰 캠페인으로써 1996년도의 약 100억 원 정도가 되며, 또한 사회적인 파급효과도 매우 큰 봉사활동으로 볼 수 있다(남궁석. 1997:2).

그리고 또 다른 자원봉사활동의 지원조직으로 언론의 자원봉사 캠페인을 들 수 있다. 중앙일보사는 자원봉사 사무국을 상시 체계로 운영하고 있으며 자원봉사 캠페인을 지금까지의 단기적이고 일시적인 자선이 아닌 사회운동으로 정착시키기 위해 자원봉사 캠페인을 실시하고 있다. 또한 중앙일보와 한국방송공사가 공동주최로 '전국 자원봉사 경연 대축제'를 개최하고 있다. 그리고 다른 언론기관들도 여러 가지 형태로 참여함으로써 자원봉사활동을 지원하고 있다.

❖ 참 고 문 헌 ❖

교육인적자원부 등, 자원봉사 활성화 추진계획(안), 2004.

________________, 학생봉사활동 지도편람, 2000.

김통원, 사회봉사론, 성균관대학교출판부, 2001.

남궁석, 기업의 자원봉사활동, 1997.

류기형 등, 자원봉사론, 양서원, 2004.

문화관광부, 청소년백서, 2004.

박경숙·김정우, "자원봉사활동 육성기관" 현대사회의 자원봉사론, 유풍출판사, 2003.

보건복지부, 보건복지백서, 2003.

여성부, 여성백서, 2003.

통계청, 사회통계조사보고서, 1999.

______, 2003년 사회통계조사결과(보건·사회참여·소득과 소비), 2004.

한국사회복지협의회, 자원봉사프로그램백과, 1997.

제 5 장

자원봉사자

Ⅰ. 자원봉사자의 기본자세와 태도

자원봉사활동의 주체로서 자원봉사자는 자원봉사활동에서 갖추어야 할 기본자세와 태도에 대해 생각해 본다.

개인의 행동을 그 사람의 의식적, 무의식적인 자극 및 생각의 반영이라면 태도는 그 사람의 마음가짐과 내적인 영혼의 거울이다. 어떤 활동의 준비가 된 심적 상황이라 할 수 있다. 자원봉사자의 어떠한 마음가짐이 봉사를 필요로 하는 사람들에게 서비스를 유효적절하게 제공하며 그들의 욕구를 충족시킬 수 있으며 어떠한 태도나 마음의 자세가 자원봉사활동을 의미 있게 이끌어 가게 하는가(정하성, 2004:61)에 대하여 살펴보고자 한다.

이에 대하여 조휘일(2002:224-225)은 ① 자신에 대한 확신과 타인에 대한 개방적 태도 ② 온정과 친절함 유지 ③ 일에 대한 긍정적 의미 그리고 협력적 태도를, 양창삼(1998:46-48)은 ① 자신에 대한 확신과 타인에 대한 개방 ② 정신적 온정과 친절함 ③ 순수한 인간애 ④ 극복해야 할 많은 일들을 들었고 정하성(2004:61-65)은 ① 인간에 대한 사랑 ② 자신의 편견 인정 ③ 힘든 일의 극복 ④ 나눔의 보람 ⑤ 지식의 개발 등을 들었다.

여기서는 두 번째 견해를 소개하고자 한다.

① 자신에 대한 확신과 타인에 대한 개방 자원봉사자는 자신에 대한 확신을 가짐은 물론 다른 사람에 대해 열린 마음을 가지고 있어야 한다. 열린 마음에서 가장 중요한 것은 겸손이다. 자기에 대한 확신과 함께 겸손해야 한다는 것은 역설적일 수 있다. 그러나 이것이 필요하다. 참으로 민주적인 개인은 자신의 견해를 가지고 그것을 피력할 줄 알아야 하며 아울러 다른 사람의 의견에 순수하게 귀를 기울일 줄 알아야 한다. 너무 거만하거나 선입견을 가지고 반대의견을 들어서는 안 된다. R. White와 R. Lippitt에 따르면 민주주의적 훈련은 자신의 생각과 다른 사람의 생각 모두에 대해 마음을 열도록 요구한다. 마음을 연다는 것은 자기 자신의 견해를 표출하지 않으면서도 상이한 다른 견해를 들어주는 불편함을 견디는 것이다. 이러한 훈련은 민주주의 제도 아래서 젊은이들을 교육하는데 매우 중요하다. 자원봉사는 바로 이러한 민주적 훈련이자 민주시민을 위한 훈련이다.

② 정신적 온정과 친절 자원봉사자는 내면적으로 따뜻함을 가지고 있어야 하며 그것이 친절로 나타나야 한다. 이러한 태도는 민주적 바탕에서 길러지는 것으로 어떤 다른 체제에서 쉽게 볼 수 없는 특이한 점이다. 이러한 태도는 민주주의를 민주주의답게 만드는데 필요불가결하다. 온정과 믿음, 그리고 친절은 마음을 여는 데 중요한 역할을 한다. 지위를 탐내는 마음을 방지하거나 없애버리며, 공평성을 가능케 하고, 합리적인 요구에는 객관성을 부여한다. 심리적 따뜻함, 수용, 신뢰는 민주주의적 절차의 중요한 자원이기 때문에 자주 거론되고 있다. 날로 증가하는 분열, 비인간화와 사회 양극화의 시각에서 볼 때 인간관계에 필요한 수용과 친절이 성취될

수 있겠는가 하는 의문이 제기될 수 있다. 그러나 그에 대한 답은 자발적인 자원봉사에서 찾을 수 있다.

③ 순수한 인간애 지금의 자원봉사는 과거와는 아수 다른 관념에서 출발한다. 과거에는 봉사하는 자와 봉사를 받는 자에 대해 지위적인 면에서 관념의 차이가 있었다. 봉사자는 귀부인이나 자선가처럼 생색을 냈다. 생색을 내기 위해서 빈민가를 열심히 찾아 나선다. 생색을 봉사라고 생각했다. 그러나 지금은 이러한 시대가 아니다. 오늘날의 경향은 민주주의 사회의 참된 자원봉사정신으로 나아가고 있다. 그 정신은 주는 자와 받는 자가 호혜적이며 상대방의 내세의 영혼의 구원을 염려하는 것이 아니라 순수한 인간애와 존경심에서 우러나온 겸손에 바탕을 두고 있다. 정신건강 문제와 관련된 자원봉사팀에서 3년간 일한 한 부부는 이렇게 말했다. '우리가 자원봉사를 한 것은 우리가 만난 그룹들에게 도움을 준 것 이상으로 우리 자신들에게 유익을 주었다는 것을 깨달았습니다. 우리는 일을 하면서 계속 우리 자신들에 대해서 배웠습니다. 그것은 우리의 결혼생활을 더욱 든든하게 해 주었고 우리를 보다 나은 인간이 되도록 도와주었습니다.' 이것은 민주주의 사회에서 참된 자원봉사의 모습이다.

④ 극복해야 할 많은 일들 자원봉사자들이 기관이나 단체에서 일하게 될 때 유의하고 극복해야 할 일도 많다. 지나친 기대를 하지 말아야 한다. 기대가 어긋나면 자연 불평과 불만이 많아지게 된다. 봉사자들에게는 중요한 일보다는 하찮은 조수역이나 허드렛일을 많이 시키므로 인내심과 지구력을 가지고 권태감을 이겨내야 한다. 확고한 신념을 가지고 기분 나

쁜 일이 있더라도 흔들려서는 안 된다. 봉사자가 가정주부인 경우 가족들에게 자기의 일을 알려서 남편과 자녀들의 인정과 협조를 받아야 한다. 열등의식을 가지거나 스스로를 비하하는 행동이나 생각을 극복해야 한다. 지나친 경쟁의식이나 비교를 줄이고 항상 협동적인 자세를 가져야 한다. 영웅심이나 지나친 자만심을 버리고 이웃과 사회의 신뢰감을 얻도록 해야 한다. 자기의 아이디어나 공을 지나치게 자기의 것으로 내세우지 않을 수 있는 용기가 필요하다.

자원봉사자가 자원봉사 현장에서 취하는 태도는 다양하다. 여기서는 바람직하지 않는 태도를 중심으로 정리하고자 한다(高橋陽子, 1999,29-31. 박태영 외, 2004:55-58재인용).

① '해 준다'는 자원봉사자 : 공짜로 해 준다는 태도를 갖고, 상대의 긍지나 명예를 훼손한다. 자원봉사활동을 받는 사람이 받고 싶은 서비스를 요구하면 '자원봉사자는 그냥 해 주는 것이므로 그런 것을 요구하면 해 주지 않겠다' 라고 한다. 자신이 상대방의 입장에서 생각해 봐야 한다. 상대방이 필요로 하는 것을 돕는 것이 진정한 자원봉사활동이다.

② 특권 자원봉사자 : '나는 자원봉사자이다' 라고 특권의식을 가지고 있는 사람이 있다. 회의나 활동 등에서 자신을 중심으로 이뤄지지 않으면 불만을 가지는 사람이 있다.

③ '자기중심'의 자원봉사자 : 상대방의 입장보다 자원봉사자 자신의 편리함이나 자신의 생각, 활동의 흥미나 가치관을 중심으로 활동한다. 자원봉사자라고 해서 상대방의 어려움이나 괴로움을 생각하지 않는다.

④ '자신은 단순히 돕는 사람'이라고 생각하는 자원봉사자 : 자원봉사센터

나 사회복지관 등의 단체로부터 활동을 의뢰 받았기 때문에 활동하는 것이지 자신이 생각해서 활동하지 않는다. 자원봉사활동을 '한다 혹은 안 한다'는 의사결정을 자원봉사자 본인이 할 수 있다는 것을 잊고 있다.

⑤ 활동하고 싶을 때, 하고 싶은 활동을 하고 싶은 방법으로 하는 자원봉사자 : 자발성의 의미를 잘못 이해하여 상대방의 괴로움이나 어려움을 고려하지 않는다. '자원봉사자는 기대할 수 없다', '자원봉사자는 무책임하다' 등의 이야기를 듣게 된다. 상대방의 어려움을 생각하는 것은 자원봉사자이기 때문에 하는 것이 아니라 사회인으로서 상식적으로 생각해야 하는 것이다.

⑥ 강요하는 자원봉사자 : 볼런타리즘을 일부러 신성화하여 '자원봉사활동은 무상으로 해야만 한다'고 하여 자신의 자원봉사관을 다른 사람에게도 강요한다. 또한 주민 참가형의 복지서비스 등의 상호부조적인 활동을 하는 사람을 비난하거나 경멸하는 사람이 있다. 자원봉사활동을 하는 사람에게는 교통비나 식비 등 여러 경비까지 스스로 부담할 수 없는 사람도 있고, 활동을 추진하기 위해 비용을 단체에서 부담하는 곳도 있다. 많은 사람이 참가할 수 있고 자원봉사활동의 근본을 벗어나지 않는 지혜가 필요하다.

⑦ 선의를 강요하는 자원봉사자 : 상대방의 기분도 무시하고 '힘껏(애써) 해 주었는데 감사를 표하지도 않는다' 라고 하기도 한다. 어떤 좋은 결과를 얻기 위한 것이라도 상대방이 부담을 느끼게 된다면 강요하지 않아야 한다.

⑧ 불쌍하게 보는 자원봉사자 : 장애인이나 요보호 아동과의 관계 등에서 일방적으로 '가엾구나' 라고 불쌍하게 본다. 이것이 상대방의 자존심을

상하게 한다는 사실에 대해서는 관심이 없다.

⑨ 비판적인 자원봉사자 : 노인복지시설이나 장애인복지시설 등에 처음 방문하여 시설 사정을 알지도 못하고 직원을 비판한다. '행정은 무엇을 하고 있나, 복지수준이 이 정도밖에 안 되나' 등 행정을 비판하기도 한다. 혹은 함께 활동하고 있는 동료 자원봉사자에 대한 욕(험담)을 한다.

⑩ 협박 자원봉사자 : '그렇게 이야기하면 자원봉사활동 따위는 하고 싶지 않다' 라고 곧장 말하는 사람이 있다. 보스가 되어서 기분에 맞지 않으면 '나는 안 한다' 라고 말하는 사람이 있다.

Ⅱ. 자원봉사자의 역할

미국 사회사업백과사전(Encyclopedia of Social Work, 1977:1582-1583)에서는 잠재적인 자원봉사자들의 역할은 다음을 포함한다고 제시하고 있다.

① 치료적 또는 재활적 서비스를 필요로 하는 조건들이나 문제들을 확인하는 역할

② 정책을 결정하는 역할

③ 직접적인 서비스를 제공하는 역할

④ 기금을 조성하는 역할

⑤ 조직의 대변인으로서의 역할, 즉 그 조직의 프로그램들과 그들이 지향하는 문제들을 설명하는 역할

⑥ 프로그램들에 대한 지역사회의 반응을 보고하고 평가하는 역할

⑦ 지역사회계획 활동에 협력하는 역할
⑧ 새로운 서비스 전달체계를 개발하는 역할
⑨ 가난한 자 및 권리를 빼앗긴 자의 권익옹호자로서의 역할
⑩ 항의 및 공적 활동을 하는 역할

사회사업백과사전(1987:844) 1987년판에서는 '자원봉사자가 하는 일(role)'을 다음과 같이 적시하고 있다.

① 서비스(service) : 다른 사람을 돕는 전통적인 활동이다. 그것은 개인적 지원(식사배달, 시장보기 돕기, 우호방문 등), 기능 제공, 기술적 지원까지 포함한다.
② 변화와 옹호(change and advocacy) : 일반적으로 기관 운영, 시설의 기능, 그리고 보호되거나 확대되어야 할 권리 측면에 있어서 변화를 추구하기 위한 폭넓은 영역의 활동을 의미한다.
③ 시민참여(citizen participation) : 각종 위원회를 통한 기획과 정책 발전, 의사소통·정보전달, 공적 프로그램에 대한 모니터링과 평가 등의 정부 기능에 관련된 자원봉사활동을 폭 넓게 포함하고 있다.
④ 관리(governance) : 민간단체의 각종 위원장이나 정책결정자로서 자원봉사 활동에 참여하는 것을 의미한다.
⑤ 자조활동(self-help activity) : 일반적으로 두 가지로 이해할 수 있다. 하나는 한 지역이나 주민의 삶을 개선시키거나 주민들에게 권한을 부여하는 자원봉사활동을 의미하고, 다른 하나는 금주모임(alcoholics anonymous)과 같은 개인의 문제를 다루는 자조집단과 관련된 활동을 의미한다.
⑥ 모금활동(fundraising activity) : 공동모금 캠페인이나 대학동창 기금마련

캠페인에 참여하는 것과 같은 영역에 참여하는 활동이다.

또한, 일본의 전국볼런티어활동진흥센터에서는 '자원봉사활동의 성격과 역할'을 다음과 같이 정리하고 있다(박태영 등, 2004:30-31).

① 자원봉사활동은 지역복지에 주체적으로 관계하여, 다른 사람과의 관계에서 자신을 보다 잘 실현하는 활동이다.

② 자원봉사활동에서는 지역복지에 있어서 창조적·선구적 활동이 중시된다.

③ 자원봉사활동은 개인의 구체적 문제를 해결하는 것에만 머무르지 않고, 그 활동은 파급적·개방적인 것이다.

④ 자원봉사활동의 계기는 부수적이었더라도, 자원봉사활동은 일상생활 가운데서 계획적·계속적인 위치를 점해 나가야만 한다.

⑤ 자원봉사활동은 원칙적으로 그 활동에 의한 금전적 대가를 요구할 수 없다.

⑥ 자원봉사활동이라는 것은 행정과 협력하는 주민의 주체적 활동이다.

⑦ 자원봉사활동은 행정에 대하여 적극적으로 문제를 제기하고, 행정에 반영시키는 활동이다.

⑧ 자원봉사활동은 지역복지를 위하여, 주민생활에 있어서 문제를 조사하고, 관심을 환기하여, 주민이 참가할 계기를 제공하는 활동이다.

⑨ 자원봉사활동은 자유로운 활동이므로 제도적 서비스로는 해결할 수 없는 면을 보다 세밀하고 개별적인 서비스를 제공하는 활동이 될 수 있다.

⑩ 자원봉사활동은 개인의 구체적 정보 및 서비스가 행정과 주민 사이에서 부드럽게 이어지도록 모체의 역할을 한다.

그리고, 우리나라의 한국여성개발원(1994, pp.11-12)에서는 '자원활동자의 역할'을 개인적 역할과 사회적 역할로 구분하여 제시하고 있다(박태영, 2004:33).

우선 개인적 역할로는 ① 직접 서비스를 제공한다.

② 기관의 사무적 행정적 업무를 지원해 준다.

③ 섭외 홍보 활동 또는 모금활동에 참여한다.

④ 기관의 정책결정에 참여하거나 자문의 역할을 한다.

사회적 역할로는 ① 직접적·보완적 서비스 활동에 참여함으로써 사회문제를 예방, 치료, 해결한다.

② 클라이언트에 대한 대변자 및 해설자 또는 협력자로서의 역할을 한다.

③ 기관과 지역사회와의 협조를 위한 매개적인 역할을 한다.

④ 인간성 회복을 실현할 수 있도록 돕는 역할을 한다.

⑤ 숨겨진 사회문제의 발견과 해결에 도전하는 선구적 역할을 한다.

요컨대 자원봉사자는 크게 개인적 역할과 사회적 역할로 나누어진다. 개인적 역할이란 도움을 필요로 하는 개인이나 집단과 직접 대면해서 관계를 맺고 서비스를 제공하는 것을 말한다. 장애인·노인·환자·어린이·청소년 등 문제를 가진 사람들에 대한 일상생활의 잡다한 문제를 해결해주거나 편의를 제공해주는 일에서 지도와 상담까지 여러 가지 일이 포함되어 있다. 사회복지기관에서 서류를 정리해주거나 전화를 받는 등 여러 행정적 업무를 도우는 일, 섭외홍보활동이나 모금활동에 기여하는 일, 기관의 정책결정에 참여하거나 자문을 하는 일도 있다. 사회적 역할에는 사회복지문제에 관한 정책결정 및 서비스 활동에 참여하는 일, 도움을 필요로 하는 개인·집단·지역사회를 위해 대변하거나 협력하는 일, 사회복지기관과 지역사회가 협조적으로 서비스를 행할 수 있도록 매개하는 일, 지역사회에서 참다운 인간성회복을 위해 돕는 일, 새로운 복지사업을 발전시키고 혁신하는 일 등이 포함된다(한양대학교출판부, 1998:41).

Ⅲ. 자원봉사자의 권리와 책임

자원봉사자들이 자원봉사활동을 수행하는 과정에서 발생할 수 있는 인간관계의 문제가 있다. 자원봉사활동을 하기 위해 자원봉사기관에서 사람들이 만나는 과정에 여러 가지 문제가 발생할 수 있고, 또 자원봉사활동을 진행하는 과정에서 자원봉사자들끼리는 말할 것도 없고 자원봉사자와 대상자 혹은 자원봉사자와 기관 사이에 상호 적절한 관계를 유지해야 한다.

특히 자원봉사자와 기관의 관계에 있어서 일관성 있고 통합적인 공식적 관계는 물론 비공식적 관계의 내용과 형식 및 질이 매우 중요한다. 만약 이러한 것들에서 갈등이 유발되거나 문제가 발생하면, 자원봉사의 효과성과 효율성에 문제가 발생한다. 그리고 더 나아가 자원봉사자, 대상자 및 자원봉사기관이 모두 부정적인 파급효과를 경험하게 된다. 이러한 배경에서 자원봉사자가 가진 권리와 의무는 자원봉사활동의 성공과 실패를 가늠하는 중요한 요소이기도 하다.

자원봉사기관에서 자원봉사자들을 관리하고 처우하는 일은 매우 미묘

하고 전문적인 과업이다. 자원봉사기관에서 자원봉사자들을 관리하고 처우하는 경우에 염두에 두어야 할 몇 가지 측면의 내용을 자원봉사자의 욕구, 권리 및 책무로 요약하여 제시하면 아래와 같다(M. McGregor et al., 1982:7-61, 류기형 외, 2004:135-145 재인용, 현외성, 2004:49-54).

1. 자원봉사자의 권리

① 인정받을 욕구와 권리 자원봉사자는 자원봉사자 이전에 한 사람의 인간으로 받아들여지기를 원하고 있으며 또한 존중되어져야 한다. 자원봉사자는 불완전한 인간이지만 동시에 무궁무진한 잠재력을 지닌 인간으로서 받아들여져야 하며 잠재된 가능성이 표출될 수 있도록 그들의 능력을 최대한 인정해야 한다. 또한 기관의 자원봉사자, 팀의 일원으로 인정되어야 한다. 이러한 방법은 크게 물질적 보상과 심리적 보상으로 나누어 볼 수 있는데 이미 앞에서도 언급한 바와 같이 자원봉사자에게는 심리적 보상이 더 중요한 의미를 차지한다. 이러한 심리적 보상 중 팀의 일원으로서 자원봉사자에 대한 인정은 가장 중요한 동기부여가 될 것이다. 자원봉사자가 비록 유급 직원이 아니고 전문가가 아니지만 직원이나 전문가 이상으로 사업에 이바지 할 수 있으며 실제 활동에서 많은 기여를 하고 있다. 따라서 자원봉사자들로 하여금 기관에서 자신들이 어떠한 위치에 있으며 자신들의 활동이 어떠한 점에서 공헌하고 있는지를 구체적으로 알려 주어야 한다.

② 비밀보장의 욕구와 권리 클라이언트가 비밀을 보장받을 권리와 욕구가 있듯이 자원봉사자 역시 자신과 관련된 부분에 대해 비밀을 보장받을 것이 필요하다. 문제는 개인에 따라 비밀의 내용은 상이할 수 있으며 또한 개인이 그것에 두는 의미도 서로 상이할 수 있다. 따라서 사회복지사는 자원봉사자의 활동에 앞서 보호받기 원하는 개인적 사항에 대해 미리 이야기를 나눌 필요가 있으며 합의된 내용에 대해서는 최대한 신의를 지키는 것이 필요하다.

③ 지지받을 욕구와 권리 자원봉사활동은 클라이언트와의 관계, 사회복지사와의 관계, 유급 직원과의 관계, 동료 자원봉사자와의 관계 등 많은 사람들과 상호작용 한다. 업무상의 문제는 물론 사람들과의 관계에 종종 자원봉사자는 어려움에 봉착하고 위기에 빠지게 된다. 이러한 상황에서 타인으로부터의 적합한 지지는 스트레스 완화뿐만 아니라 새로운 문제해결능력을 고양시키는 데 매우 중요한 역할을 하게 된다. 자원봉사자는 동료뿐 아니라 기관의 직원으로부터 지지받고 이해받기를 원한다. 사회복지사는 자원봉사자의 힘든 상황에 대해 바르게 이해하고 있어야 하며 자원봉사자가 자신감을 갖고 활동에 임할 수 있도록 촉진하고 지지하는 역할을 해야 한다.

④ 훈련받을 욕구와 권리 누구나 자원봉사자가 될 수 있지만 무조건 활동에 배치되는 것은 아니다. 필요한 교육과 훈련이 행해져야 하며 자원봉사자는 이러한 훈련을 받을 권리가 있다. 아무리 전문직 자원봉사자라고 하고, 아무리 경험이 많은 자원봉사자라고 해도 서비스에 배치되기 전

에는 서비스대상자, 서비스 시 고려되어야 할 상황에 대해 일정한 기간 동안의 연수가 필요하다. 지속적인 교육은 자원봉사활동에 대한 바른 이해와 성실한 태도를 갖게 하고 더 나아가 자신의 활동에 대한 만족감과 자아성취감을 갖게 한다. 특히 클라이언트에게 대인적 서비스를 행하는 자원봉사자의 경우 보다 개별적이고 다양한 상황에 대처하기 위해서는 지속적인 교육이 필요하며 더 나아가 자원봉사자의 수준과 경험을 고려한 단계별 교육이 행해져야 한다.

⑤ 개인적인 성장에 대한 욕구와 권리 자원봉사활동은 자원봉사자만이 베푸는 일방적인 것이 아니라 활동을 통해 자원봉사자도 자기 변화나 자기 성장의 경험을 갖는 쌍방의 관계이다. 자원봉사활동이 자원봉사자에게 성장의 기회가 될 수 있다는 것을 자원봉사자 활용기관의 모든 사람들이 바르게 이해해야 할 것이다. 또한 이러한 사실을 자원봉사자가 현재 가지고 있는 능력을 더욱 발휘할 수 있도록 할 뿐만 아니라 발굴되지 않은 잠재능력도 자원봉사활동을 통해 개발할 수 있도록 하여 자원봉사자로 하여금 자신이 활동을 통해서 성장하였음을 느끼게 해야 한다.

⑥ 개인적인 만족의 욕구와 권리 성장의 욕구와 더불어 자원봉사자는 자신의 활동에서 만족감을 얻기를 원한다. 이러한 만족감은 활동 전반에 걸친 전체적인 만족감에서부터 당일 행하는 활동에서의 만족감까지를 포함한다. 특히 당일의 활동 속에서 자원봉사자와 클라이언트, 자원봉사자와 사회복지사는 상호 교류 속에서 다양한 감정을 경험하게 된다. 따라서 매번의 활동을 마치고 나면 자원봉사자가 갖는 활동에 대한 느낌이나 생

각을 확인할 필요가 있고 그것에 대한 바른 이해나 지지, 격려 등을 할 필요가 있다. 또한 기관의 분위기, 기관의 준비상태, 기관과의 의사소통 등에 대해서도 어떤 생각들을 갖는지 정확히 파악해야 한다.

⑦ 말할 기회의 욕구와 권리 자원봉사자는 유급직원이 할 수 없는 일이나 해서는 안 되는 일, 하기 어려운 일 등을 도와주는 역할을 한다. 따라서 이들의 활동은 단지 활동으로 끝나는 것이 아니라 항상 활동의 과정과 결과에 대한 내용들이 점검되어 클라이언트를 위한 적합한 방향 설정과 서비스 지원으로 연결되어야 한다. 이러한 과정을 위해 가장 우선시되어야 할 것은 활동에 임한 자원봉사자의 감정과 생각이다. 특히 서비스의 질을 결정하는 중요한 요인이 자원봉사자임을 생각해 볼 때 자원봉사자가 활동에서 느낀 어려움이나 걱정, 불안 등을 수용할 필요가 있으며 또한 활동과정에 대한 자세한 설명을 통해 사회복지사는 클라이언트에 대한 이해와 더불어 자원봉사자의 장점과 활동에 있어서의 잘못 등을 슈퍼비전을 해줄 수 있다.

⑧ 동역자로서 처우받고 싶은 욕구와 권리 자원봉사자는 팀의 일원이다. 자원봉사자 활용기관에서는 자원봉사자가 어떤 위치와 역할을 하고 있는지를 명확하게 직원들에게 이해시켜야 하며 단지 능력이 낮은 미약한 존재로 취급해서는 안 된다. 따라서 직원과 마찬가지로 자원봉사자의 의견이나 생각은 인정되고 존중되어야 한다. 자원봉사활동을 성공적으로 이끌기 위해서는 유급 직원과 자원봉사자의 상호 신뢰관계, 존경의 마음, 상대의 업무도 마찬가지로 중요함을 인식해야 하며 무엇보다도 상대를

진정한 동료로 받아들이는 태도가 중요하다.

2. 자원봉사자의 책임

① 정직에의 책임 공감은 기쁨, 질투, 흥분, 두려움, 슬픔 등의 감정을 공유할 때 명료하게 된다. 그러나 타인의 경험을 완전하게 이해할 수 없고 타인과 완전히 동일한 기분이 될 수 없다. 공감은 다양한 감정이나 태도를 수반한다. 무엇보다도 사람의 말을 듣고 마음을 열고 관심을 가지려고 하는 것이 중요하다.

② 신뢰받을 책임 약속을 꼭 지켜야 한다는 것은 대부분의 사람들이 다 알고 있는 일이지만 때때로 어떤 약속은 다른 약속에 비해 우선해야 할 일도 있다. 사람에 따라 어떤 일이 가지는 중요도나 의미는 각기 상이하기 때문에 결정은 개인의 가치관에 좌우된다. 자원봉사자에게는 자신과 가족의 욕구도 중요하다. 그러나 활동에 있어서는 최대한 약속을 지키는 것이 필요하며 만약 약속을 지킬 수 없을 때에는 미리 기관이나 클라이언트에게 알려 주는 것이 필요하다.

③ 비밀보장의 책임 자원봉사자의 중요한 책임의 하나는 비밀을 지켜야 한다는 것이다. 이것은 가장 기본적인 준수사항으로 언제나 명심하고 있지만 경우에 따라 아무 의식 없이 타인에 대한 개인적인 정보를 발설해 후회하기도 한다. 우리는 간혹 누군가를 특정화하지 않는 한 무엇을 이야

기해도 상관없다고 생각하는 사람도 있고 도움을 받으려면 이 정도는 밝힐 각오를 하지 않으면 안 된다고 간단히 생각해 버리기도 한다. 만약 이것이 당신의 일이라면 어떨까? 자원봉사자는 타인의 질문에 '당신에게는 말할 수 없다', '그 질문에는 대답하기 어렵다'고 말할 권리와 의무가 있다. 자원봉사자는 활동하고 있는 조직의 일원으로 비밀을 지키지 않는 일은 내가 속한 조직의 신용문제라는 점을 명심해야 한다. 만약 혼자서 지켜 나가기 어려운 문제라면 가장 먼저 자원봉사조정자와 상의해야 한다.

④ 수용적이고 비심판적 태도의 책임 자신과 다른 타인을 인정하고 다른 가치를 수용한다는 것은 쉬운 일이 아니다. 사람을 인정한다는 것은 반드시 그 사람이 하는 일을 시인하는 것은 아니다. 우선 '사람'이 있고 그 다음에 '문제'가 있다.

⑤ 충고의 위험성에 대한 인식 책임 사람이 무언가를 결정하도록 돕는 것은 충고나 조언보다 훨씬 중요한 일이다. 충고는 상대를 위해서라기보다는 충고하는 쪽을 위한 것이 될 때가 많다. 충고를 할 때 사람들은 자신이 마치 대단한 사람이라도 된 것과 같은 우쭐한 마음을 느끼지만 상대는 좌절감을 느끼거나 무시당한다는 느낌을 가질 수 있다. 충고와 정보 제공은 다르다.

⑥ 경청하는 사람으로서 책임 어떠한 사람이라도 자신의 감정, 기쁨, 슬픔, 한탄, 실망이나 욕구불만을 말할 수 있는 상대가 필요하다. 잘 듣는다는 것은 말로 표현되어지는 것뿐 아니라 표정이나 신체 등 비언어적인

부분에 대한 것도 포함된다.

⑦ 슬픔의 이해자로서 책임 애완동물, 재산, 역할상실, 사랑하는 사람, 기타의 모든 상실의 경우는 사람에 따라 다소간의 차이는 있으나 슬픔을 체험하게 되고 이러한 슬픔은 인정되어야 한다. 우리는 슬픔에 빠져 있는 사람에 대해 우리가 무엇을 해줄 수 있을까 고민하기도 하고 그를 위로하지 못하는 자신에게 실망을 느끼기도 한다. 그러나 가장 좋은 위로는 그 사람 나름대로 그 사람의 방식대로 슬픔을 느끼도록 도와주는 것이 중요하다. '이제 다시 일어설 때다' 라든지 '불행 중 다행이다' 라는 말은 말한 사람을 기분 좋게 할지는 몰라도 슬퍼하는 사람에게는 그렇지 않을 수 있다. 중요한 것은 슬픔을 통해 상실 이전의 자신으로 되돌아가는 것이 아니라 상실로 인해 새롭게 변화된 현실에 적응하도록 하는 것이다.

❖ 참 고 문 헌 ❖

류기형 외, 자원봉사론, 양서원, 2004

박태영, 자원봉사론, 백산출판사, 2004

정하성, 신자원봉사론, 백산출판사, 2004

조휘일, 현대사회와 자원봉사, 홍익제, 2002

한양대학교 사회봉사단, 대학의 사회봉사, 한양대학교출판부, 1998

현외성, 자원봉사론강해, 학지사, 2004

제 6 장

자원봉사활동의 실천

자원봉사활동의 실천은 다음과 같은 과정을 거쳐 활동을 하게 된다. 먼저 자원봉사활동에 대한 전반적인 이해를 거쳐 어디서 어떤 역할을 할 것인지 선택한다. 활동분야에 대한 교육훈련을 거친 후 자신이 맡은 역할을 충실히 수행한다. 마지막 단계는 자원봉사활동 전체를 평가하게 된다.

이러한 과정에 대하여 단계를 구분하는 방법은 다양하다.

<표-1> 자원봉사활동의 실천과정

구 분	이 창 호	삼성사회봉사단	주 성 수	김 통 원	이 용 교
준 비 (Preparation)	1. 문제 확인 2. 배경조사 3. 훈련	1. 신청 2. 사전교육 3. 배치	1. 이해 2. 선택 3. 준비	1. 계획수립 2. 선택 3. 교육훈련	1. 준비 2. 탐색
실 행 (Action)	4. 서비스활동 ① 실행 ② 반성	4. 봉사활동	4. 활동	4. 봉사활동	3. 수행
평 가 (Reflection)	③ 자축 ④ 평가	5. 평가 6. 인정	5. 평가	5. 평가	4. 평가

* 자료 : 이창호, 대학의 자원봉사, 한양대학교출판부, 1998:84-93.
삼성사회봉사단, 자원봉사100문100답, 1996:27-36.
한국사회복시협의회, 자원봉사프로그램백과①백과총론, 1997:17.
김통원, 사회봉사론, 성균관대학교출판부, 2001:53-84.
이용교·이혜원, 재미있는 자원봉사길라잡이, 서울미디어, 1996:43-62.

자원봉사활동의 실천과정은 P(Preparation, 준비) - A(Action, 실행) - R(Reflection, 평가)의 접근방법이 유용하다. 이는 자원봉사를 어떻게 시작할 것인지를 계획하고, 계획한대로 실행에 옮기며, 실행한 후 평가를 하는 조직적인 프로그램 계획 및 집행방법이다(李昶浩, 1997:141).

단계	내용
준비단계 (Preparation)	· 자원봉사에 대한 이해 · 자원봉사활동분야와 문제선정 · 활동목표와 활동계획수립 · 활동기관을 방문, 역할 확인 및 교육
실행단계 (Action)	· 자원봉사자의 태도, 역할에 충실 · 자원봉사 조정자와 우호적 관계유지 · 클라이언트에 대한 공감적 이해와 신뢰관계구축 · 계획대로 실천이 곤란하면 활동목표와 활동계획 수정
평가단계 (Reflection)	· 활동목표의 달성도 측정 · 지역사회 문제 해결 중심의 활동평가 · 과정전체의 평가

<그림-1> 자원봉사활동의 실천과정

한편, 자원봉사활동은 팀을 구성하여 자원봉사프로젝트를 수행하는 경우가 있고 개인 단위로 활동하는 경우도 있다. 자원봉사실천의 내용은 이창호(1997:72-104, 1998:139-165)의 견해를 중심으로 살펴 본다.

Ⅰ. 준비 단계

1. 팀웍(Team work) 접근

팀을 구성하여 자원봉사활동을 시작하면 문제를 확인하고 문제해결을 위한 필요한 지식, 기술 등을 습득하여야 한다.

① 문제 확인 일단의 자원봉사자들이 한 팀이 돼 자원봉사에 나서기로 했다면 그들은 먼저 관심 있는 봉사분야(예: 사회복지, 환경, 교통, 문화, 체육 등)에서 문제를 선택한다. 이 문제의 구상단계에서 그들은 현장답사를 할 수 있고 관계 분야 전문가를 불러 토론을 벌여 문제의 심각성을 파악할 수가 있다.

예를 들어 지역사회의 불우한 노인들을 위한 자원봉사 프로그램을 계획할 때 그들의 수가 얼마나 되는지, 그들의 생활이 얼마나 어려운지, 어디에서 어떻게 생활하고 있는지 등을 파악하는 것이다. 이 과정에서 자원봉사자들은 불우한 노인들의 어려운 생활상을 담은 신문기사를 보거나 비디오테이프를 시청할 수도 있고 지역사회내의 사회복지 기관을 현장방문, 실태를 파악할 수가 있는 것이다.

실태가 파악이 되면 다음 작업은 쟁점(issue)과 문제에 대해 논의하는 것이다. 이는 곧 문제의 원인분석을 하는 것과 같다. 즉, 어떻게 그 같은 사태가 발생했는가, 그 문제의 원인은 무엇인가, 또 이 문제에 이해관계가 있는 여러 집단은 누구인가, 문제가 해결되길 바라는, 또는 바라지 않는 집단은 누구인가 등이다.

원인분석이 끝나면 해결책을 선택하여야 한다. 쟁점(주제)과 그 해결책을 선택하는 이 작업에는 팀전체의 합의가 있어야 한다. 해결책이 선택되면 이를 자세히 기록해 보는 것이 필요하다. 그렇지 않으면 다 결론이 난 것 같아도 구체적이지 못할 때가 많다. 매주 양로원을 방문키로 했다면 가서 무엇을 할 것인가, 무슨 도움을 줄 수 있나, 어떻게 비용을 마련할 것인가 등 행동코스가 구체적이어야 한다. 이 행동코스를 정하는 과정에선 가족이나 지역사회 인사들을 포함시키는 것이 좋다. 자원봉사자들은 자신들이 구상한 해결책을 기관이나 관계자들에게 보여 의견을 물어보는 것이다.

행동코스가 정해지면 그 프로젝트를 시작해서 완성하는 데까지 걸리는 시간을 추산한다. 자원봉사자들이 매주 양로원을 방문키로 했다면 우선 언제까지 이 자원봉사를 계속할 것인가를 결정한다. 그리고 한번 방문해서 돌아오는 데까지 시간이 얼마나 걸릴까, 양로원에서 노인들과 보내는 시간은 또 어떻게 계획을 할까, 책을 읽어드리고, 함께 레크리에이션을 하고, 선물을 전달하는 등 각 활동에 걸리는 시간을 가능한 한 자세히 계산해 보는 것이다. 만약 이 같은 작업이 없이 방문을 했다가는 지나친 시간초과로 오히려 노인들이나 자원봉사자들 양쪽이 피로하게 되고 자원봉사의 흥미를 잃게 하는 위험이 초래될 수 있기 때문이다.

② 필요한 지식·기술습득　기관을 방문해 노인들을 돕기 위해서는 그들이 무엇을 원하는지 구체적으로 알아야 한다. 즉 어떠한 지식, 기술, 경

험이 필요한가를 파악하는 것이다. 이의 확인을 위해서는 시설장에게 묻거나 노인들의 사전 욕구조사를 통해 파악하는 방법을 많이 쓴다. 그러나 때로는 사회복지시설에 관여한 공무원 등의 의견을 참조할 수도 있다.

대상 노인들이 필요로 하는 지식과 능력을 자원봉사자들이 가졌는가를 파악하고 습득하는 것은 자원봉사의 성공을 위해서 필수적인 작업이 아닐 수 없다. 팀으로 방문한다 해도 자원봉사자 개개인이 할 수 있는 업무를 분담하는 게 좋다. 누구는 리더가 돼 시설장과 방문 준비를 하고 누구는 회계를 담당하고 누구는 욕구조사를 하고 누구는 프로그램을 준비하고 하는 등 각자가 업무를 나누는 것이다. 그래야만 일이 효율적으로 진행되고 동료 간 예상되는 잡음을 막을 수 있다.

때로는 보다 효과적인 자원봉사 수행을 위해 사전 훈련 작업을 갖는 경우도 있다. 이 사전훈련은 협력, 의사소통, 조직, 책임감, 문제해결 기술 등에 대해 전문가나 현장 관계자로부터 설명을 듣는 형태를 취한다. 가령 노인들의 말벗을 위해 조를 짜고 상황을 설정하여 모의 훈련을 갖는 것도 좋다.

2. 개인별 접근

자원봉사는 팀을 이루어 실천하는 경우도 많지만 개인 단위로 실천하는 경우도 많다. 만약 개인적으로 자원봉사를 하고 싶다할 때 유의해야 할 것은 반드시 지역사회 기관, 단체와 연결된 활동이어야 자원봉사로서의 사회적 가치를 인정받을 수 있다는 것이다. 그렇지 않고 홀로 동네 쓰레기 줍기 같은 자원봉사를 한다면 그 인간적 가치는 인정될 수 있을지 몰라도 자원봉사자로서의 사회성은 인정받지 못한다. 그것은 비조직적, 산발적 임의적 행동이기 때문이다. 조직되지 못한 개인 자원봉사는 자칫 사회에 부정적인 결과를 초래할 위험도 있다.

지역사회 기관, 단체와 연결되어 자원봉사가 개인단위로 이루어질 때, 자원봉사자는 기관 배치에 따른 여러 가지 문제에 대해 생각해야 한다. 무엇보다 중요한 것은 자신이 하고 싶은 자원봉사이어야 한다. 개인별로 자원봉사에 나설 때 필요한 사전준비 작업과 기관, 단체에 배치됐을 때 알아두어야 할 사항들을 소개한다.

자원봉사를 하겠다고 생각하고 실천으로 옮기기 전 꼭 주의 깊게 생각해야 할 것은 '내가 왜 자원봉사를 하려고 하나, 얼마간이나마 계속할 수 있을 만큼 현실적으로 가능한가' 하는 자기분석이다. 만약 이 같은 철저한 자기분석이 없이 순간적인 충동에 밀려 자원봉사에 나섰다가는 중도에 포기하는 경우가 있기 때문이다. 자원봉사자는 기관 단체를 찾아 무엇을 할 것인가를 묻기 전에 왜 하려고 하는가를 자신에게 먼저 물어보아야 한다.

① **지역사회의 기관선정** 자원봉사의 욕구를 확인하고 뜻을 세웠다면 다음의 과제는 어느 기관에서 무슨 일을 할 것인가를 생각해야 한다. 물론 기관선정에 앞서 사회복지분야, 환경분야, 교통분야, 체육분야 등 자신이 자원봉사활동을 하고 싶은 일이 어느 분야인지를 가려야 할 것이다.

D. H. Smith(1976)는 자원봉사자의 유형을 다섯 가지로 나누고 있다. 즉 첫째, 서비스 지향적 자원봉사자(다른 사람을 직접 돕는 볼런티어), 둘째,

문제 지향적 혹은 원인 지향적 자원봉사자(변환되어야 할 공공의 이익을 위하여 노력하는 볼런티어), 셋째, 자아 표출적 자원봉사자(자기목적 또는 자아실현을 위해 나선 볼런티어, 예를 들면 스포츠, 예술, 레크리에이션 분야 볼런티어), 넷째, 직업적, 이기적(self interest) 자원봉사자(노동, 직업, 전문집단내의 볼런티어), 다섯째, 박애적, 자금공여 자원봉사자(보건, 교육, 복지, 종교, 환경, 정치 등의 비영리 기관을 위해 자금기여, 또는 모금을 위해 애쓰는 볼런티어) 등이다.

자원봉사자는 자신이 위에 제시된 어느 범주에 해당하는 자원봉사자인가를 깨닫고 그 유형에 맞는 기관을 선택해야 한다. 기관선정은 자원봉사에 나서기 전 신문이나 공공 고지(告知)를 통해 모집여부를 확인한다. 때로는 관심 있는 기관 단체들을 직접 찾아가 자원봉사 가능 여부를 확인할 수 있다. 때로는 자원봉사센터를 이용할 수도 있다.

② 프로그램 확인　자원봉사자가 기관과 하고자 하는 프로그램을 선정할 때는 몇 가지 유의해야 할 사항이 있다. 자원봉사자는 그 기관이 왜 자원봉사를 필요로 하나를 잘 관찰해야 한다. 기관이 자원봉사자들에게서 기대하는 바가 무엇인가, 업무는 잘 배치가 되어 있나, 얼마나 오래할 수 있는 일인가 등을 따져 보아야 한다. 물론 거리나 시간, 교통편, 일의 힘든 여부에 대해서도 생각해 보아야 한다.

자원봉사자들의 불만 더 나아가서 중도 탈락하는 이유는 주로 자원봉사자의 욕구, 능력, 현실적 여건 등과 그들이 일하는 자원봉사 프로그램이 제대로 부합되지 못했기 때문이다. 자원봉사자는 각 개인의 연령, 성별, 경력, 직업유무 등의 개인적 특성은 물론 자신들의 홍미, 취미, 기술과 재능 등을 충분히 고려해 주는 기관 단체들을 잘 선정해야 한다. 간혹 일부 지역사회 기관들은 경비절감을 목적으로 자원봉사자들을 모집할 경우가 있다. 이런 기관에서 잘못 자원봉사를 시작했다가는 중도 탈락은 물론 좋지 않은 기억으로 자원봉사의 의욕마저 영구히 꺾이는 결과가 초래될 수 있다.

③ 기관배치 자원봉사자가 원하는 기관과 사업을 발견하고 자원봉사를 하기로 결정했다면 기관은 자원봉사자를 해당 프로그램에 배치할 것이다. 이 때 자원봉사자들은 보통 기관 측의 업무부여 및 교육의 과정을 거치게 된다.

기관은 자원봉사자를 프로그램에 배치한다. 이때 중요한 것은 그 기관이 자원봉사자가 해야 할 업무분장을 정확히 해 주는 것이다. 자원봉사자의 업무분장이 제대로 되지 않으면 일의 효율성이 떨어짐은 물론 조직 내의 갈등이 초래될 수 있다. 자원봉사자는 기관이 자기에게 정확히 무엇을 하라고 하는가를 잘 파악하고 의문이 있으면 곧 물어야 한다.

자원봉사자는 모집, 선발되어 일정한 업무를 배정 받으면 업무수행을 위해 교육 및 훈련을 받아야 한다. 자원봉사 훈련은 첫째 특정한 업무를 시작하기 전에 기관의 목적, 정책, 구조, 절차 그리고 클라이언트에 대한 이해를 증진시키는 사전 훈련 또는 오리엔테이션, 둘째, 특정한 업무에 대한 이해를 도와주는 준비훈련(강의 및 관찰), 셋째, 현직에서 업무에 필요한 지식 및 기술을 증진하는 현직훈련, 넷째, 가능한 각 개인의 최대한의 잠재력 개발을 위한 계속훈련 및 교육 등으로 구분된다(조휘일, 1994).

자원봉사자는 자신을 위해 기관이 마련해 놓은 이 교육 및 훈련코스를 성실하게 잘 마쳐야 한다. 훈련 코스가 어렵고 힘들면 그만한 이유가 있을 것이라는 생각으로 훈련에 성실함을 보여야 한다. 예를 들어 임종환자를 위한 호스피스 교육 같은 것은 비교적 교육이 길고 어렵다. 그만큼 업무가 중요하기 때문이다.

Ⅱ. 실행 단계

1. 팀웍접근

계획을 실행에 옮기는 단계이다. 자원봉사자는 정해진 시간 내에 계획한 서비스를 실행한다. 앞서 고려했던 여러 가지 사항들을 염두에 두고 계획 틀(plan)에 맞춰 프로그램을 실시하는 것이다. 자원봉사자는 선물을 만들고 양로원을 찾아가 전달하며 노인들의 말벗이 된다.

실행 후 토론과 나눔의 자리를 위해 별도의 시간을 마련한다. 양로원을 찾아가서 무슨 일을 했나, 누가 참가했고, 각자는 무슨 일을 했나를 검토하는 것이다. 기대했던 효과, 또 기대하지 않았던 효과들은 무엇인가, 또 봉사 경험을 통해 어떤 감정을 느꼈고 무엇을 배웠나를 반성해 보는 것이다.

반성시간 후 내용을 정리하는 것이 필요하다. 이를 기록으로 남겨 다음 방문 때 개선점으로 활용하는 것이다. 이 반성작업은 자원봉사 활동에서 결코 빼놓아서는 안 되는 작업이다. 만약 반성, 검토가 없다면 그리하여 자원봉사 활동에 대한 개선이 없다면 자원봉사는 그 같은 일의 반복으로 틀림없이 중도에 끝나게 된다. 우리나라 자원봉사 활동이 중도탈락이 많은 이유는 바로 구체적인 계획-실행-평가로 이어지는 과학적 접근이 부족하기 때문이다. 단순히 뜨거운 가슴만을 가지고 자원봉사에 임하고 끊임없는 개선노력이 부족하기 때문에 얼마 되지 않아 지루함을 느끼고 중도에 포기하게 되는 것이다.

이 반성작업은 두 단계에서 이루어질 수 있다. 매번 양로원을 찾아갔다 온 뒤 활동을 반성하는 시간을 갖기도 하고 정해진 기간 동안(예: 6개월)의 양로원 방문 프로젝트가 끝난 뒤 총괄적 평가를 하는 것이다.

이 반성작업은 주로 자원봉사자들의 투입(input)과 활동내용에 초점을 맞추는 게 좋다. 즉 자원봉사 프로젝트가 당초의 계획대로 진행이 됐는가, 안 됐다면 왜 안 됐는가, 자원봉사를 통해 무엇을 배웠나 하는 것을 반성하는 것이다. 그 활동결과 자원봉사자 스스로의 효과에 대한 반성을 먼저 하고, 대상노인들에게 어떤 효과가 일어났나 하는 것은 나중에 검토한다.

2. 개인별 접근

많은 자원봉사자를 활용하는 기관은 보통 그들을 지도 감독하는 감독자(supervisor)를 두고 있다. 자원봉사 감독체계가 잘 되어있는 기관 단체가 그렇지 못한 기관 단체들보다 낫다. 그것은 그만큼 기관이 자원봉사자

개개인의 욕구에 주의를 기울이고 중도탈락을 막도록 애쓰는 반증이다.

자원봉사 활동의 지도감독에는 양적, 질적인 차이가 있게 마련이다. 비교적 단순한 업무를 하는 자원봉사자와 고도의 책임과 기술을 요하는 업무를 맡은 자원봉사자의 지도감독은 같지 않게 된다. 그러나 자원봉사자 개개인의 욕구를 돌본다는 기관 측의 자세는 똑같이 중요하다.

효과적인 지도감독은 첫째, 업무에 관해서는 완벽한 지시를 주고 어떤 질문에도 응답할 준비를 해야 하고 둘째, 기관이 기대하는 것을 명확히 전달하며, 셋째, 자원봉사자의 활동에 인정(recognition)과 감사를 표시하고, 넷째, 부적절한 행동은 바로 볼 수 있게 도우며, 다섯째, 자원봉사자의 욕구를 충족시키는 데 융통성을 발휘해야 하는 것이다(조휘일, 1994). 자원봉사자는 기관 측의 지도감독을 눈여겨보며 만일 효과적이지 못하다고 느껴지면 감독자에게 의견을 줄 수 있을 것이다.

3. 실행단계에서 사람을 돕는 방법과 기술

실제로 많은 봉사자들이 대인 서비스에 많이 활동하게 되므로 인간관계에 중요한 비중을 두게 된다. 여기에 필요한 특성과 우리가 해야 할 일 그리고 해서는 안 되는 일은 다음과 같다(김한경, 1998, 중앙일보사, 1995, 한국사회복지관협회, 1992, 김통원, 2001:89-93, 재인용).

① 다른 사람을 돕는 일을 할 때 필요한 특성 - 자기 자신의 감정을 제대로 인식하기

- 인식된 자신의 감정을 개방적이고 직접적으로 표현하기
- 상대방에 대해서 긍정적인 감정을 갖기
- 독립적일 것
- 공감적 이해
- 사람을 있는 그대로 받아들이기
- 사람에게 위협적이지 말기
- 사람은 언제나 변화가 가능하다는 믿음

② 좋은 인간관계를 위해 해야 할 일 - 바람직한 인간관계 : 진실하고 따뜻한 인간관계를 만들려는 노력이 필요하다. 긍정적인 관심이야말로 효과적인 인간관계에 필수적이다.

- 올바른 예의 : 상대방이 화를 내거나 언짢게 대할지라도 감정적으로 대하지 않는다. 변함없이 친절하고 예의 바르게 대하는 것이 중요하다.
- 열성적인 태도 : 돕고자 하는 열성적인 태도는 상대방을 감동시킨다.
- 진실한 마음 : 상대방에게 정직하며 개방적인 마음으로 대한다.
- 비밀보장 : 상대방과의 대화 내용이나 어떤 약점을 다른 사람에게 말하지 않는다.
- 받아주기 : 상대방을 있는 그대로의 인간으로 받아들인다.
- 잘 듣기 : 상대방의 언어적 혹은 비언어적 의사전달을 잘 듣고 반응을 보인다.
- 잘 표현하기 : 나의 생각과 뜻을 애매모호하게 표현하지 않고 정확하게 잘 전달한다.
- 자기결정주의 : 상대방의 잠재적인 가능성을 믿으며, 모든 인간은 자

기 자신의 일을 스스로 결정할 수 있는 능력이 있다고 믿는다.

- 인격존중 : 상대방을 나와 같은 동등한 인간으로 그 인격을 존중한다.

③ 좋은 인간관계를 위해서 해서는 안 될 일 - 강요하지 않기 : 의견이 다를 경우에 대화를 통하지 않고 일방적으로 밀어붙이지 않는다. 이러한 경우 반항이나 두려움을 상대방에게 유발시킬 수 있다.

- 설교하지 않기 : 어떻게 살아야 할 것인가, 어떤 태도를 취해야 할 것인가에 대해 나의 가치기준에 맞추어서 지루하게 훈계나 설교하지 않는다.
- 논쟁하지 않기 : 나와 다른 식으로 세상을 보거나 다른 가치규범을 가진 것에 대해서 논쟁을 통해 굴복시키려 들지 않는다.
- 비판하지 않기 : 상대방의 행동이나 말에 대해서 비판하지 않는다. 우리가 건설적인 비판이라고 생각할 때에도 비판은 상대방에게 상처를 주게 된다.
- 무시하지 않기 : 상대방의 딱한 처지에 대해서 무시하거나 조롱하지 말아야 한다.
- 동정하기 않기 : 상대방의 감정을 이해하는 것은 좋지만 서투르게 동정하는 경우에 상대방의 자존심을 상하게 할 수가 있다.
- '왜'라는 질문으로 캐묻지 않기 : '왜 그렇게 완고합니까', '왜 싸웠지요' 등과 같이 부정적인 태도나 행동에 대해서 따지기 시작하면 상대방은 반발감을 느끼게 된다.
- 빈정거리지 않기 : '내 말을 안 듣더니 꼴이 좋군요' 식의 빈정거림은 금물이다.

- 포기하지 않기 : 상대방이 반항적이고 비협조적이거나 냉담하더라도 끈기 있게 대하면 상대방이 마음의 문을 열게 된다.
- 낮추어 보지 않기 : 상대방이 신체적, 사회적, 심리적인 장애를 지니고 있더라도 나보다 열등한 인간으로 대하지 않는다. 모든 인간은 평등하다.

Ⅲ. 평가 단계

1. 팀워접근

① 자 축 정해진 기간의 자원봉사 프로젝트가 전부 끝난 뒤 그 활동에 관계된 모든 사람들이 한데 모여 스스로를 자축하는 것이다. 이 자축의 모임을 위해 피자 파티를 해도 좋고, 캠핑을 가도 좋고, 활동 수료증을 주어도 좋고, T-셔츠를 만들어 입어도 좋고, 어떤 형태든지 활동성과를 기념하고 감사하는 자리이면 된다.

이 자축모임에서 가장 중요한 것은 봉사에 대한 감사를 자원봉사자 개개인 모두가 받는 일이다. 누구의 공로만 부각되고 누구는 전혀 언급되지 않는다면 역시 팀 전체의 자원봉사 활동의 동기를 약화시키는 좋지 않은 결과를 낳을 수 있다.

② 평 가 봉사를 받는 노인들에게 무슨 변화가 일어났나, 우리는 그동안 무엇을 이뤘나, 또 무엇을 배웠나 등 자원봉사 프로젝트가 끝났을 때 자원봉사자들은 자신들이 이뤘던 성과를 이야기로, 보고서로, 사진으로, 멀티미디어로, 그림으로, 조형물로 또는 다른 어떤 형태로든 정리하는 게 좋다.

이 자원봉사 팀의 활동 평가는 앞서 언급한 '반성'과는 성격이 조금 다르다. 이는 바로 수혜대상자와 지역사회에게 일어난 변화, 즉 효과성(effectiveness)을 평가하는 것이다. 그리고 가능하면 이 평가 작업은 계량적이 되는 게 좋다. 단순히 노인들이 좋아하더라고 할 것이 아니라 노인들의 대화횟수가 처음보다 50% 늘었다는 식으로 구체화, 계량화하는 것이다. 그래야만 나중에 같은 프로젝트를 다시 실시할 때 보다 구체적인 목표를 세울 수가 있다.

자원봉사활동의 평가의 의의는 활동의 목표가 어느 정도 달성되었는가를 평가해 봄으로써 이후의 자원봉사활동의 수정, 보완, 개선하는데 있는 것이다.

2. 개인별 접근

① 평 가 자원봉사자의 활동에 대한 기관 측의 평가는 효과적이고 생명력 있는 자원봉사 활동을 끌어가는데 아주 중요한 요소이다. 그러나 기관이 평가 시 꼭 염두에 둘 것은 자원봉사자에게 그 평가결과를 전달하는 방식이다. 만약 좋지 못한 평가 결과가 나왔다면 기관은 그 결과를 부드

러운 용어와 어투로 전달해야 한다. 왜냐하면 자원봉사에 나섰다가 마음에 상처를 입고 영영 다시는 자원봉사를 하지 않을지 모르기 때문이다.

자원봉사자에 대한 평가 유형은 첫째, 각 개인 자원봉사자의 기관별 평가, 둘째, 자원봉사서비스에 대한 클라이언트의 평가, 셋째, 직원에 의한 평가, 넷째, 자원봉사 프로그램이 이 기관의 서비스에 주는 화폐적인 기여도에 대한 평가 등이다. 자원봉사자는 기관이 자신의 활동에 대해 공식 또는 비공식적 평가를 할 것이라는 사실을 당연하다 생각하고 그 결과를 겸허하게 수용하는 태도를 가져야 한다.

② 인정과 보상 자원봉사자를 쓰는 기관은 대부분 자원봉사자를 위한 여러 가지 인정과 보상 제도를 마련해 놓고 있다. 그 인정과 보상은 크게 문화적 보상(봉사자간의 친목회 주선, 기관의 각종 행사초대, 회식에의 동참, 기관 간행물 우송, 취미 교양강좌 개설, 표창 등)과 경제적 물질 보상이다. 미국 기관에선 흔히 공식적 보상과 비공식적 보상으로 나눈다. 공식적인 것은 뱃지나 핀, 일정기간 근무 후에 주는 증서 또는 감사장, 연례만찬, 초대 또는 파티, 시상, 표창, 지역사회 신문게재, 기관지에 게재, 장기 근속자 표창 등을 들 수 있고, 비공식적인 것은 진정한 감사의 말, 보다 중요한 책임부여(신입회원 훈련 참여, 기관을 대표한 지역사회 연설), 개인의 업무성과를 인정하는 배려, 직원회의에 참여초대 등을 들 수 있다.

❖ 참 고 문 헌 ❖

김통원, 사회봉사론, 성균관대학교출판부, 2001.

삼성사회봉사단, 자원봉사100문100답, 1996.

이용교·이혜원, 재미있는 자원봉사길라잡이, 서울미디어, 1996.

한국사회복지협의회, 자원봉사프로그램백과②자원봉사의 기초, 1997.

한양대학교 사회봉사단, 대학의 자원봉사, 한양대학교출판부, 1998.

제 7 장

자원봉사활동의 대상과 영역

Ⅰ. 자원봉사활동의 대상

자원봉사의 대상은 도움을 필요로 하는 사람이라고 간단히 규정할 수 있으나, 사회의 발전이나 경제성장의 정도에 따라 그 대상자들이 달라질 수 있다. 자원봉사는 어떠한 도움과 사랑을 필요로 하는 사람들이 얼마나 많이 있는가에 따라 그 대상과 영역을 결정해야 한다.

전통사회에서는 사회적 도움을 가장 필요로 한 사람으로 홀아비, 과부, 고아, 홀로 사는 노인(鰥寡孤獨)을 꼽았다.

우리나라에서 나환자와 결핵환자들이 많았던 1950년대에는 이들을 돕고 치료하는 일들이 중요한 봉사였으나 오늘날에는 노인성 치매환자나 산업재해 환자가 그 대상이 되고 있다. 6·25 전쟁 후에는 고아와 미망인을 돕는 봉사사업이 우선이었으나, 오늘날에는 고아들은 사라졌고 부양자 없이 홀로 사는 무의탁 노인들이 늘고 있고, 우리나라에 와서 노동생활을 하고 있는 외국인 노동자들이 늘고 있다. 현재 우리사회에서 자원봉사의 대상으로는 주로 ① 아동 및 청소년, ② 노인, ③ 장애인, ④ 환자, ⑤ 비행 청소년 및 범죄인, ⑥ 기타 자기 혼자서 자신의 문제 및 생활과업을 해결할 수 없는 사람들로 정리해 볼 수 있다(한국여성개발원 1990. 한양대학교 사회봉사단, 1998:59).

자원봉사는 현대사회의 각종 사회문제를 해결하거나 시민으로서 스스로의 권리를 옹호하고 지역주민 공동의 이익을 추구하기 위해 자발적으로 참여하는 과정이다. 일반적으로 자원봉사의 활동 대상은 구체화된 사회문제들로서 아동문제, 청소년문제, 노인문제, 장애인문제, 여성문제, 빈곤문제, 비행 및 범죄문제, 성차별문제, 성폭력 및 미혼모문제, 약물남용문제, 정신건강문제, 환경오염문제, 소비자권익문제, 외국인노동자문제 등을 거론할 수 있으며 이러한 문제들은 사회의 발전이나 경제성장의 정도에 따라 그 대상자들이 달라질 수도 있다. 이상의 문제들은 상호 중첩되어 있거나 하나의 문제가 다른 문제의 원인과 결과로 연관되어 있기도 하다. 비행과 청소년 문제, 여성과 성차별, 노인문제와 빈곤문제 등이 그러한 예이다(조휘일, 2002:159).

특히, 아동·청소년·노인·장애인 등을 위한 사회복지관련 자원봉사활동은 주로 사회복지시설봉사와 재가복지봉사로 구분되어 행해지고 있다.

J. Halpern은 'The Myth of Deinstitutionalization(탈시설화의 신화)'라는 저서에서 1960년대의 미국을 탈시설화의 시대라고 역설한 바 있다. 탈시설화 정책의 논의에서는 수용시설은 필요악이기 때문에 원래는 없어도 된다. 최선의 시설이라도 차선책의 가정보다는 못하다. 시설처우는 열악하여 인간적·문화적 생활을 하기 어렵다. 인간의 기본적 권리인 자유, 인권, 프라이버시가 침해 받기 쉬우며 시설은 관리적이며 비민주적이고 이용자들이 주체성을 잃어버리기 쉽다는 비판론을 펴고 있다(손홍숙, 2004:33).

재가복지서비스는 새로운 개념이며 오늘날 우리나라의 사회복지가 새로이 타개해 가려고 하는 과제의 하나이기도 하다. 따라서 재가복지서비스라는 용어 자체도 사회복지 분야에서 공인되고 있는지 어떤지도 의심스러운 바도 있다. 어떤 사람은 이것을 재가자 원호서비스와 동의어로서 사용하고 있다. 한편 재가복지서비스로 연결되는 용어로서 재가서비스,

재가 케어, 거택보호 등 여러 가지 용어를 볼 수도 있을 것이다(金炫秀, 2002:i)

우리나라에서는 1992년 당시 보건사회부에서 '재가복지센터 운영지침'을 발표하면서 재가복시라는 용어를 사용하기 시작하였다(손홍숙, 2004:13).

재가복지서비스란 도움이 필요한 대상자들을 일정 시설에 수용하지 않고 가정에서 또는 지역사회 내 재가복지센터로 통원하게 하여 일상생활을 위한 서비스와 자립할 수 있는 프로그램을 제공하는 것이다. 이 서비스에는 공공 및 민간 기관의 공적 서비스와 가족, 이웃, 친척, 등 비공식적 조직에 의한 서비스를 모두 포함한다. 재가복지서비스는 대인적 서비스이므로 인간의 문제나 욕구에 대처하는 활동이 많이 요구된다.

Ⅱ. 자원봉사활동의 영역

봉사활동은 모든 생활영역에서 이루어질 수 있으므로 삶의 다양성만큼이나 많은 종류의 활동이 있다. 봉사활동의 역사를 볼 때, 어떤 영역은 다른 영역보다 더 발달되어 있기도 하고, 봉사활동을 조직하는 기관이나 단체에 따라서 특정 영역이 강조되기도 한다.

처음 봉사활동이 개발될 때에는 가난한 사람들의 생계를 지원하기 위한 부조활동, 혼자 외롭게 살고 있는 노인과 고아를 돕는 보호활동 등 사회복지활동이 주를 이루었지만, 점차 보건의료활동, 지역사회의 안전유지,

문화 및 여가생활과 관련된 활동 등이 개발되었다.

최근에는 사회의 각 분야에서 개인과 집단이 가지고 있는 자원을 충분히 활용할 수 있는 다양한 봉사활동이 개발되고 있다. 영역별 봉사활동은 같은 영역 내에서도 다양한 활동으로 세분되고 또한 그 수준에 따라서 차별화되기도 한다.

우리나라에서 봉사활동의 분류는 활동영역에 의해서 나누는 경우가 많다. 대한적십자사는 봉사활동을 구호, 복지, 보건, 환경, 국제 활동 등 크게 5영역으로 분류한 후에 다시 19가지 프로그램으로 분류하였다는 점에서 좋은 분류 틀을 제시하기도 했다.

<표-1> 대한적십자사 봉사활동 분류

큰 분류	중 분류
구 호	재해구호, 일반구호
복 지	청소년 복지, 노인복지, 장애인 복지, 지역사회봉사, 시설봉사
보 건	병원봉사활동, 혈액원 봉사활동, 보건교육, 건강 상담, 건강증진, 보건의료봉사, 안전교육
환 경	환경보호활동, 환경교육
국제협력	국제구호, 친선교류, 해외이산가족봉사

구자순(한양대학교 사회봉사단, 1998:83-98)은 자원봉사의 영역을 장(場)에 의한 영역과 과제(課題)에 의한 영역으로 대별하였다. 자원봉사의 활동 장으로서는 사회복지시설 및 기관, 가정과 이웃, 병원 및 보건소, 지역사회, 국제사회를 위한 활동으로 구분하였고 과제에 의한 영역으로는 사회복지, 상담, 사회교육, 환경 선거, 공공서비스로 구분하였다.

교육부(1996:53-54)에서는 학생들이 할 수 있는 자원봉사활동을 그 목적에 따라 크게 8가지의 영역으로 나누었다.

<표-2> 학생들을 위한 봉사활동의 분류

활동목적에 따른 구분	활동내용
1) 일손돕기활동	복지시설 일손돕기/공공기관 일손돕기/병원 일손돕기/농어촌 일손돕기/학교내 일손돕기
2) 위문 활동	고아원 위문/양로원 위문/장애인 위문/병약자 위문/자매부대위문
3) 지도활동	동급생 지도/하급생 지도/사회교육 지도/교통·안전 지도
4) 캠페인 활동	공공질서 확립 캠페인/교통·안전 캠페인/학교주변 정화 캠페인/환경보전 캠페인
5) 자선·구호 활동	재해구호활동/불우이웃돕기/헌혈·골수기증/국제협력과 난민구호
6) 환경·시설보전활동	깨끗한 환경 만들기/자연보호/문화재 보호
7) 지역사회개발활동	지역실태조사 활동/지역사회 가꾸기/지역 홍보 활동/지역행사 지원활동
8) 기타	위의 7가지 영역에 포함되기 어려운 활동

한국사회복지협의회(1997:46-75)에서는 '자원봉사프로그램 백과'에서 자원봉사의 영역을 사회복지의 영역(① 아동·청소년 ② 노인 ③ 장애인 ④ 여성)에서부터 ⑤ 지역사회 ⑥ 보건·의료 ⑦ 환경 ⑧ 교통 ⑨ 문화·예술 ⑩ 생활체육·스포츠이벤트 ⑪ 국제협력의 영역으로 구분한 바 있다. 여

기서는 이 분류방법에 의거하여 사회봉사의 영역을 사회복지영역, 지역사회영역, 보건·의료 / 환경 / 교통영역, 문화·예술 / 스포츠·레크레이션영역, 국제영역으로 구분하여 살펴보고자 한다.

1. 사회복지영역

2. 지역사회영역

위의 사회복지영역과 지역사회영역은 제8장 이하에서 자세히 다루게 된다.

3. 보건·의료 / 환경 / 교통영역

사회복지 영역 다음으로 많은 일손이 필요한 곳은 보건 및 의료 영역이다. 자원봉사자는 병원, 보건소, 기타 의료기관에서 간단한 접수업무, 안내 등 행정 보조자 역할도 하고 교육과 훈련을 받은 후 상담, 환자 돌보기, 호스피스(임종을 앞둔 환자 서비스) 등 직접 서비스를 제공하는 역할도 한다(Ibid, :63-64).

보건 봉사활동 자원봉사자는 보건소, 보건의학단체, 시민단체 등에서 진료보조, 업무보조, 상담보조, 행사보조 등의 역할을 할 수 있다. 보건 봉사활동은 보건소 등의 공공기관에서 실시하는 보건업무를 지원하는 활동뿐 아니라 개인 위생관리법, 식생활습관, 다이어트 법, 금연운동, 마약예방, 에이즈예방, 성인병예방 등 각종 보건 교육행사 및 캠페인 활동이 있다. 이런 교육 및 캠페인 활동에는 책자제작, 해외문헌 번역, 전산업무 등 행정지원 활동이 있고, 행사준비, 전단 나누어 주기 등 구체적인 자원봉사 일거리도 많다.

의료 봉사활동 자원봉사자는 인근 병원에 찾아가서 활동하는 병원봉사자가 많고, 환자 가정을 직접 방문해서 하는 가정봉사와 사회복지시설에 가서 활동하는 시설봉사자도 적지 않다.

의료 전문인이 자원봉사자가 되어 할 수 있는 일거리는 무수하다. 아직도 우리 사회는 의사, 간호사 등 전문 의료진이 수시로 현장을 방문해서 활동하는 경우가 있다. 농어촌 등지의 무의촌 의료봉사, 사회복지시설 의료봉사, 해외교포 의료봉사, 해외난민촌 의료봉사, 부랑인 의료봉사 등 정기적으로 혹은 부정기적으로 이루어지는 활동이 적지 않다. 도심권 지역사회에서도 노인, 장애인 등 소외계층을 위한 전문 의료진의 자원봉사활동도 대학, 병원 등의 조직적인 계획으로 실시되고 있다. 물리치료, 한방, 수지침 등 전문 의료 활동도 개인이나 협회 등의 단체 차원에서 시행되고 있다.

비전문인으로서 자원봉사자의 일거리도 많다. 병원에서는 약제실, 의무기록실, 도서실 등에서 업무지원을 하고 아동, 노인, 장애인 환자 등을 돌보는 활동, 안내, 접수 등 일거리가 있다. 특정 교육을 이수한 자원봉사자는 물리치료실, 재활의학실, 호스피스(hospice : 암환자 등 임종을 앞둔 환자 돌보기) 병동, 정신병동 등에서 보다 전문적인 활동을 하는 사람들도 늘고 있다.

최근에는 백혈병 환자를 돕기 위한 골수기증운동이 활성화되고 있어 많은 사람들이 골수기증을 통한 자원봉사활동에 참여하기도 한다.

또한, 시민들이 일상생활에서 가장 큰 불편을 겪으며 불쾌하게 생각하는 영역은 환경과 교통 영역일 것이다.

환경 봉사활동 환경 봉사활동 현장은 매우 광범위하고, 활동 내용 또한 쓰레기 청소, 대기오염, 수질오염, 토양오염, 해양오염, 소음 등 다양하다. 내집앞 골목에서부터 지역의 거리, 공원, 문화시설에서 활동할 수도 있고, 주요 문화재 시설 주변에서 그리고 산, 강, 바다로까지 나가 활동할 수 있다.

환경은 우선 '보존'하기 위한 활동이 있고, 환경을 오염시키는 사람들이나 공장 등을 '감시'하는 활동으로 크게 구별할 수 있다. '환경보존' 활동은 쓰레기 수거와 국토 청소와 같은 직접 활동과 쓰레기 함부로 버리지 않기, 쓰레기 분리수거 하기, 샛강 살리기 등과 같은 캠페인 활동, 그리고 환경캠프, 환경교실을 통한 환경교육 활동 등이 있다. 자원봉사자는 직접 교육을 맡는 일도 할 수 있고, 교육보조, 행사보조 등 일손으로 봉사할 수도 있다. 학생들은 지역사회가 당면한 대기오염, 수질오염, 소음 등의 실태를 조사해서 '환경오염지도'를 작성해 보는 활동도 교육적 효과가 높다.

그 밖에 구체적인 활동사례로는 암벽낙서지우기, 벽보제거, 낙서지우기, 저공해비누제작, 공공장소 길바닥 껌 떼기 등이 있다. '환경감시' 활동 또한 국토 전체에 필요한 활동이다. 동네 쓰레기 투척을 감시해야 하고, 산, 강, 바다를 요염 시키는 부당행위도 감시해야 하며, 대기오염, 소음 등을 감시하는 활동도 필요하다. 그밖에도 시민단체에서 환경오염 고발접수를 받는 일, 현장에 출동해서 관계 기관과 언론에 고발하는 일, 오염을 일으키는 개인이나 공장에 시정을 요구하는 공문이나 편지를 쓰기, 직접 단체로 방문해서 시정을 요구하는 일 등도 중요한 감시활동이다.

교통 봉사활동 교통 봉사활동은 거주 인근 지역에서 팀으로 나누어 활동할 수 있다. 교통 영역에서는 교통질서 지키기 활동, 각종 캠페인 등 크게 두 가지로 봉사활동이 이루어질 수 있다.

'교통질서 지키기' 활동은 직접 등하교 길에 나가 어린이, 장애인, 노인 등이 교통사고를 당하지 않고 안전하게 건널목을 건널 수 있도록 도와주는 활동 등이 있다. 특히 아동들에게 교통신호 지키기, 건널목 건너기 등 교통안전교육을 맡는 봉사활동도 필요하다. 또한 지하철이나 버스 승하차 안전을 지켜 주는 현장 활동도 필요하다.

1996년 4월 녹색교통운동이 개최한 세미나에서 발표된 자료에는 우리나라 보행자가 선진국에 비해 교통사고를 당할 확률이 최고 10배나 높은 것으로 나타났다. 보행자 교통사고 지수를 비교해 보면 한국을 100으로 볼 때 일본은 26.8, 영국 20.0, 미국 19.8, 독일 17.6, 호주 16.9, 캐나다 15.7, 스웨덴 9.7, 네덜란드 8.7로 한국의 보행자가 가장 위험한 것으로 드러났다.

'각종 캠페인' 활동으로는 교통질서 지키기, 자가용 안타고 다니기, 승용차 함께 타기, 주차 바로 하기 등이 있다. 띠를 두르고 거리에 나서서 하는 일, 스티커를 부착해주는 일, 전단을 나누어주는 일 등 다양한 활동이 있다.

이런 활동은 경찰, 구청 등 공공기관이나 많은 시민단체들과 함께 하는 단체 활동이다.

4. 문화·예술 / 생활체육·스포츠레크레이션영역

우리나라 국민의 문화적 욕구는 만족보다 불만이 더 높은 비중을 차지하고 있다. 통계청의 2004년 자료를 살펴보면 '여가생활'에 대해 국민의 72.7%가 불만족이고, 만족은 27.3%에 불과하다. 불만 이유로는 '경제적 부담'이 52.4%로 가장 높은 비중을 차지하고 있다. 여가활용 방법에도 문제점은 있다. '텔레비전 시청', '수면 및 가사잡일'이 대부분을 차지하고 있는 가운데, '창작적 취미활동'과 '봉사활동'은 매우 낮은 수준에 그치고 있다(kosis.nso.go.kr).

문화 봉사활동 문화적 혜택을 누리지 못한 문화소외층이 지역 문화시설에 접근할 수 있는 기회를 확대시켜 주는 일도 필요하고, 사회복지시설에서 생활하는 사람들에게는 시설 내에 각종 문화시설과 프로그램을 마련해 주는 일도 경시될 수 없다.

일반인의 문화시설 이용을 용이하게 하고 더 많은 이용의 기회를 줄 수 있도록 프로그램이 개발되어야 한다. 박물관, 도서관, 미술관, 사적지 등에서 자원봉사자를 이용할 수 있는 방안이 개발되어야 하며, 이같은 문화재, 문화시설을 보호하는 활동 또한 중요한 자원봉사활동이다.

주요 궁(宮), 능원, 사찰, 사직지, 유적지 등 유형문화재를 보호하는 활동도 중요한 자원봉사활동이며, 전통 굿, 판소리, 무용, 무술, 도예 등 무형문화재를 계승해서 일반인의 여가 선용의 기회로 제공하는 일도 자원봉사활동으로 중시된다. 문화 유적 발굴을 돕는 일, 역사자료를 찾고, 정리하는 일, 중국이나 러시아 등 해외에 방치되어 있는 역사유적지를 찾아내고, 보존하는 일 등도 값진 자원봉사 일거리가 된다. 아울러 시민단체와 함께 문화재나 문화시설의 상태를 조사하고 기록해서 훼손이나 방치 문제를 제기하여 시정하도록 요구하는 일도 자원봉사활동으로 이루어질 수 있다.

예술 봉사활동 음악, 무용, 미술, 연극, 영화 등 예술은 사람들의 마음을 평온하게 해 주며 정서적 안정을 줌으로써 생활의 활력을 제공해 준다. 생활이 어렵고 힘든 사람들에게도 돈으로 환산할 수 없는 기쁨과 용기의 가치를 발휘한다. 사회복지시설에서 찾아오는 사람 없이 지내고 있는 아동, 노인, 장애인들과 함께 하는 음악, 무용 등의 시간은 그들 뿐 아니라 봉사자에게도 생의 감명을 준다고 한다.

자원봉사자는 그 밖에도 환자, 군인, 교도소 재소자 등과 춤, 노래, 놀이로 함께 할 수 있는 소중한 시간을 마련할 수 있다. 음악이나 무용을 전공하는 학생들이 자신의 특기를 소외층과 이웃에게 기쁨을 주는 활동으로 활용하는 봉사활동이 시작되었다. 전문 음악인, 무용가, 연극인, 연예인들도 하나 둘 동참하여, 음악과 무용, 연극과 영화를 통해 '더불어 사는 세상'을 열어가고 있다. 예술 전공자들은 이밖에도 아동과 청소년, 장애인에게 예술지도를 하는 교육봉사자가 될 수 있다. 방과 후 집에 맞이하는 사람 없는 아동 등을 대상으로 복지관이나 학교에서 예술지도를 해주는 활동도 좋을 것이다. 미술 특기자끼리 팀을 짜서 공공건물의 담 벽에 예쁜 그림으로 벽화작업을 하는 것도 생각해 볼 수 있다.

또한, 함께 뛰는 운동, 함께 웃는 놀이로 자원봉사자가 대상자와 기쁨의 시간을 가질 수 있다. 스포츠 종목은 매우 광범위해서 실내에서도 가볍게 할 수 있고, 실외 운동장이나 잔디밭 등 여건에 따라 얼마든지 프로그램을 짤 수 있다. 레크리에이션 종류 또한 매우 다양하다. 작은 방에서도 즐길 수 있는 놀이가 많고, 넓은 운동장에서 수백, 수천 명이 함께 하는 흥겨운 놀이도 적지 않다. 체육 특기자나 레크리에이션 지도자만이 할 수 있는 것이 아니라 취미를 가진 사람들도 보조 진행원, 행사 진행원으로 자원봉사활동을 할 수 있다.

스포츠 봉사활동 대상자는 아동, 청소년, 장애인 뿐 아니라 어느 계층도 될 수 있다. 탁구, 족구, 배구, 농구, 축구, 야구 등 각종 기구 종목 뿐 아니라 수영, 체조 등 매우 다양한 스포츠 활동이 있다. 활동장소는 앞마당, 뒷골목에서부터 작은 공터, 운동장 등 광활하다.

배드민턴, 볼링, 족구, 에어로빅 등 생활체육 종목들이 널리 활성화되면서 각 지역에서 주민들 교육과 지도를 맡거나 보조해 주는 자원봉사자를 많이 필요로 하게 되었다. 이런 종목들은 사회복지시설에서 생활하는 아동, 노인, 장애인 뿐 아니라 교도소 재소자 등에게도 널리 보급될 수 있는 것들이다. 매년 정기행사인 장애인올림픽 행사도 많은 자원봉사자의 힘을 모아 정성으로 치루어지고 있는데, 장애인 스포츠 자원봉사자는 특별한 오리엔테이션 교육을 거쳐야 할 수 있다. 체육지도자나 특기자의 지도를 받아 대상선수지도, 경기보조, 진행, 안내 등의 일을 자원봉사자가 할 수 있다.

올림픽과 같은 가장 큰 행사부터 집 앞 골목 공놀이까지 자원봉사자가 참여해서 할 수 있는 일거리는 무궁무진하다. 또한 장애인올림픽, 아시아선수권대회, 유니버시아드대회 등의 국제스포츠 행사도 있고, 국내 단위에서는 전국체육대회, 시·도 단위 체육대회, 시·군·구 단위 체육대회 등도 무수하고, 가장 기초 단위인 동 단위 축구, 배드민턴 등 행사도 많아 자원봉사자의 참여를 기다리고 있다. 그밖에도 각급 학교의 체육행사, 사회복지시설 등의 체육행사 등에서도 자원봉사자가 할 수 있는 일은 너무나도 많다.

레크레이션(이벤트) 봉사활동 누구나 참여하고, 누구나를 위한 가장 보편적인 활동이 레크레이션(이벤트) 활동이다. 또한 레크레이션(이벤트)은 소수 인원부터 수만의 다수 인원이 참여해서, 참여의 폭이 대단히 광범위하다. 쉽게 얘기하면 놀이오락이다. 윷놀이, 재기차기, 술래잡기 등과 같은 전통적인 민속놀이 뿐 아니라 수건돌리기, 술래잡기, 같은 간단한 놀이도 있고, 춤과 율동이 있는 대형 놀이도 많다.

많은 봉사활동 프로그램에 이제는 간단한 레크레이션 시간이 마련되어 역동적이고 즐거운 분위기를 만들고 있다. 레크레이션 지도자도 많이 필요하고, 진행보조원, 행사준비요원도 많이 필요하다. 특히 사회복지시설에서 생활하는 노인, 아동, 장애인 등 소외층과 진솔하게 함께 할 수 있는 시간을 마련하려면 레크레이션이 반드시 필요하다고 조언하는 자원봉사자도 있다.

5. 국제협력영역

우리나라의 국제적 위상이 높아짐으로써 다른 국가들과의 국제협력을 증진시키고 국제사회에서의 역할을 증대시킬 수 있는 방안들이 활발히 모색되고 있다. 정부 차원에서의 역할이 있고, 민간 부문에서도 자원봉사활동으로 많은 역할이 이루어져야 한다. 과거 다른 국가들로부터 원조를 받았던 도움의 빚을 이제 갚아야 할 위상에 달한 것이다.

제3세계 국가들의 개발을 지원하는 기술, 교육, 의료 지원활동도 필요하며, 지구촌이 공통적으로 당면한 지구촌 기아문제, 환경문제 등도 민간 자원봉사자의 몫이다. 특히 유엔과 유엔 산하 전문기구들에서 활동하는 전문가들의 양성을 통해 국위를 선양하고 국제사회에 기여하는 준비도 갖추어져야 할 때에 와 있다.

국내활동　국내에서 국제협력을 도모할 수 있는 봉사활동도 적지 않다. 유엔 산하 국제전문기구들의 지부가 한국에 있고, 민간 차원에서 국제친선을 도모하기 위한 국제단체들도 있다. 이들 기구들과 단체들 역시 국내 자원봉사자의 도움으로 각종 국제행사를 치루고 있으며, 아울러 각종 모금 활동도 하고 있다. 국내에 거주하는 외국인노동자 문제 또한 국제협력 차원에서 해결되어야 할 중요한 현안이다. 어떤 조건으로 입국해서 국내에서 노동하여 임금을 받으며 생활하고 있든지, 이들 또한 적절한 '인간다운 생활'을 누릴 수 있는 사회적 배려가 필요하다. 정부의 입장은 불법체류자 문제 때문에 법적으로 배려를 할 수 없는 문제가 있으므로 민간 차원에서 자원봉사자의 힘을 모아 외국인노동자의 인간적 대우 및 복지 문제를 해결함으로써 국내에서부터 국제협력에 기여해야 한다.

① 국제기구 후원 ; 국내에 지부를 두고 있는 국제기관들을 후원하는 일에 자원봉사자가 참여하고 있다. 유엔의 국제 전문기구로는 UNESCO, UNICEF 등이 있다. UNESCO는 교육, 과학, 문화 분야를 전문 영역으로 활동하며 국내 자원봉사자들이 청소년 캠프, 국제교류 등의 행사 준비와 보조를 위해 활동하고 있다. UNICEF는 지구촌 빈곤아동을 살리고, 교육시키기 위한 국제전문기구로 기금 마련을 위한 각종 행사와 캠페인을 주관하는데, 국내 자원봉사자들의 참여가 큰 몫을 맡고 있다. 국제적십자사위원회(ICRC)의 위원으로 활동하는 대한적십자사는 국내 모금활동을 통해 최근에도 많은 국제구호활동을 전개하였다. 빈곤에 처한 북한 동포에게 식량을 제공하는 창구 역할도 하고 있다.

② 국제친선 후원 ; 민간차원에서도 많은 국제친선단체들이 있다. 세계 YMCA, 세계YWCA, 국제로타리클럽, 국제친선협회, 국제키비탄클럽, 국제와이즈맨협의회 등은 단순한 국제친선보다는 빈곤, 장애 등 지구촌 문제해결에도 앞장서는 민간단체들이다. 이 같은 단체의 회원으로 활동하면서 혹은 행사를 지원하는 일에 참여함으로써 국제협력 사업에 기여할 수 있다.

③ 외국인노동자 후원 ; 현재 국내에서 일하고 있는 많은 외국인노동자

들이 있다. 허가를 받고 취업한 전문직 종사자도 있고, 기술연수생으로 들어와 일하는 사람들도 있으며, 관광비자나 연고자 초청으로 왔다가 불법 체류하여 일하는 사람들도 있다. 주로 중국(조선족교포), 필리핀, 인도네시아, 네팔, 방글라데시, 파키스탄, 스리랑카 등지에서 온 사람들이다. 이들은 요즘 말하는 힘들고, 더럽고, 위험한 3D 업종인 염색, 도금, 피혁, 봉제, 완구, 유리, 화학공장에서 일하고 있다. 우리 정부는 1991년부터 저개발국 근로자들의 기술향상에 기여하고 국내 제조업체의 인력난을 덜기 위해 외국인노동자의 노동을 허가하거나 묵인해 왔다. 그러나 이들에게는 문제가 한두 가지가 아니다. 일부 악덕 기업주는 임금을 주지 않고, 폭행으로 일을 시키고 사람대접을 하지 않았다는 주장이 외국인노동자들의 시위에서 매번 등장되는 주장이다.

"우리를 짐승 취급하지 말라", "산업연수생에게 성폭행이 웬 말이냐", "과거 여러분 조상도 일본에서 우리 같은 일을 겪지 않았습니까? 그 때를 기억해 주세요"

자원봉사자들은 이 같은 문제를 해결하기 위해 우리나라 문화와 언어교육, 건강보호 및 의료서비스, 체육 및 문화 예술 활동, 사회적 서비스로 의형제 맺기, 여가 및 레크레이션(이벤트) 프로그램, 법률상담, 사교모임, 생일 및 명절날 초대 등 다양한 봉사활동을 할 수 있다.

해외활동 해외에 나가서도 자원봉사 할 수 있는 기회가 차츰 늘고 있다. 많은 국제기구와 단체들이 지구촌 문제 해결에 많은 민간 자원봉사자의 힘에 더욱 의존하고 있다. 자원봉사자와 자원봉사단체의 힘이 없다면 지금 지구촌의 문제는 매우 심각한 위기에 빠져 들었을 것이다. 전쟁이나 풍수해 등으로 형성된 난민촌에 가서 식수개발, 주택공사, 의료, 교육 등 많은 분야에서 활동할 수 있다. 또한 한국국제협력단에서 추진하고 있는 청년해외봉사단의 일원으로 제3세계 개발지원에 나설 수도 있다. 농업, 컴퓨터 기술, 교육, 의료 등 특정 분야에 기술을 지닌 사람들이 군복무 대신 해외봉사활동도 할 수 있다. 중국, 러시아 등지에 있는 해외교포를 지원하는 일 또한 자원봉사자의 일이다.

① 국제구호 활동 ; 지구촌은 아직도 기아로 생명을 잃어가는 사람들이 많다. 굶주림에 의한 사망이 줄기보다 오히려 늘고 있는 추세다. 내전으로 세계 곳곳에 난민촌이 형성되어 있고, 최근에는 유고 내전과 아프리카의 르완다, 소말리아, 나이지리아 등지의 내전으로 수천만 명의 난민이 발생했다. 또한 아프리카 사하라 사막 남부 일대를 휩쓴 가뭄과 같은 천재지변으로 심각한 식량난에 허덕이는 사람들이 국제사회의 구호활동을 고대하고 있다. 최근 홍수 피해로 식량난을 겪고 있는 북한 동포를 위한 구제·구호 활동이 전개 되고 있기도 하다. 국제구호 활동에 참여한 자원봉사자는 유엔의 난민고등판무관(UNHCR), 국제아동구호기금(UNICEF) 등의 요청으로 국내의 국제구호단체에서 파견된 사람들이 많다. 국내에는 한국선명회, 한국이웃사랑회, 국제기아대책기구, 대한적십자사, 제4의 물결 등과 같은 단체들이 있다. 이들의 활동은 보건의료 사업이 가장 많고, 식수개발, 주택공사, 교육지원 등 다양한 사업이 있다. 사업에 필요한 자금은 주로 국내에서 지속적인 모금활동으로 모금된 것으로 모금활동에는 수많은 자원봉사자의 노력이 숨겨져 있다.

② 제3세계 개발 ; 우리나라가 이제 제3세계에서 선진국으로 진입하는 과정에서 과거 국제사회로부터 받은 개발지원의 빚을 이제 제3세계 개발

지원으로 갚는 활동이 요청되고 있다. 국내의 민간단체들 뿐 아니라 공공기관에서도 국제협력 차원에서 지속적인 사업을 추진하고 있다.

한국국제협력단(KOICA)에서는 매년 100여 명의 청년들을 해외에 2년 이상 장기 파견하는 사업을 활발히 전개하고 있다.

❖ 참 고 문 헌 ❖

교육부, 학생자원봉사활동의 이론과 실제, 1996.

金炫秀, 在家福祉서비스, 홍익출판사, 2002.

손홍숙, 재가복지의 이론과 실제, 양서원, 2004.

조휘일, 현대사회와 자원봉사, 홍익재, 2002.

한국사회복지협의회, 자원봉사프로그램백과, 1997.

한양대학교 사회봉사단, 대학의 사회봉사, 한양대학교출판부, 1998.

제 8 장

아동을 위한 자원봉사활동

Ⅰ. 자원봉사의 대상으로서의 아동

Ⅱ. 아동을 위한 자원봉사의 의의

Ⅲ. 아동을 위한 자원봉사의 내용과 방법

아동복지는 사회복지의 중요한 분야로서 모든 아동이 전인적으로 건전하게 발달하도록 국가나 사회복지 관련단체가 아동의 복지증진을 위해 노력하는 조직적 활동인 것이다(졸저, 2005:29).

Ⅰ. 자원봉사의 대상으로서의 아동

국어대사전에서는 아동을 ① 심신이 완전한 청년기에 달하지 아니한 사람, ② 초등학교에서 배우는 아이, 학동으로 풀이하고 있다(이희승, 1982).

우리나라 아동복지법에서는 아동을 18세미만의 자로 규정하고 있으며 1989년 UN총회에서 채택한 아동권리협약에서도 18세까지의 모든 사람을 의미한다고 규정하고 있다. 청소년기본법에서는 9세에서 24세까지를, 청소년보호법에서는 19세미만자를 청소년으로 규정짓고 있다.

아동복지의 목적은 모든 아동들이 전인적으로 건전하게 성장·발달할 수 있게 하는 것이다. 따라서 아동복지의 객체 즉 대상은 모든 아동인 바, 여기에 문제를 가진 아동이 포함됨은 물론이다. 아동복지의 대상은 아동복지의 발전과정과 관련된다. 곧 현대에서 벌어질수록 그 대상이 좁아서 특수한 상황에 처하거나 문제를 가진 아동에 국한되고 현대에 가까울수록 그 범위가 확대된다는 점이다. 어느 국가나 초기의 아동복지의 대상은 고아, 기아였으며 다음으로 빈곤가족의 아동 그리고 신체적, 정신적

장애아동과 환경에 적응하지 못하는 비행아동에 관심을 두어왔지만, 오늘날에는 특수한 문제를 가진 아동을 포함한 모든 아동을 그 대상으로 하고 있다.

1. 아동의 일반적 특성

아동의 일반적 특성에 대하여 장인협(2002:9)은 다음과 같이 지적하였다.

① 아동은 일반적으로 성인이나 노인에 대비할 수 있는 말로 심신이 모두 미성숙 상태에 있다.

② 아동은 인간의 전 생애 중에서 여러 성장발달 단계를 거쳐서 성숙한다.

③ 아동은 다른 어떤 포유동물보다도 장기간에 걸쳐 의존·보호를 받아야 한다.

④ 아동은 생리적 욕구와 인격적 욕구가 함께 충족되어야 한다.

⑤ 아동은 감정이 매우 민감하며 가정을 기초로 점차 사회화되어 간다.

⑥ 아동은 사회적 인간으로 성장하기 위해 사회 환경에 적응할 수 있는 능력을 학습해야 한다.

즉 아동이란 의존, 미성숙, 민감성, 욕구, 적응 및 학습의 제반특성을 갖고 있으므로 이러한 특성의 이해를 통해서 아동의 건전한 육성을 기해야 한다.

2. 요보호아동의 특성

모든 아동이 자원봉사활동의 대상이지만 특히 자원봉사자의 도움이 더욱 절실한 요보호아동의 특성에 관하여 언급하고자 한다(류기형 외, 2004:389).

요보호아동은 정상적인 가정에서 부모의 보호를 받지 못하면서 자라는 시설아동, 소년소녀가장아동, 영세가정아동과 결손가정아동, 실직가정아동 등을 말한다.

그 중 시설아동은 일반가정아동에 비하여 게으름, 주의산만, 발표력의 부족, 정서불안, 고마움을 모름, 창의력 부족, 파괴적 행동, 사고의 단순, 물품 낭비, 도벽 등의 습관이 상대적으로 많다고 하며 이를 시설병이라고 부르기도 한다. 그러나 시설아동의 부모역할을 대리하는 사람들은 거론되는 시설병 중에서 물품의 낭비와 주의산만, 고마움을 모르는 마음, 의타심에 대해서는 상당한 공감을 나타내지만 시설아동이 파괴적이라는 것에 대해서는 강한 반대 의사를 표명하고 있다(이용교, 1993:54).

3. 청소년의 특성

중고등학교 재학시기의 청소년은 다음과 같은 특성을 지니고 있다(류기형 외, 2004:400- 401).

첫째, 청소년은 성인과 동등한 자주적이고 독립적인 인격체인 동시에 어떠한 상황에서도 존중되어야 할 사회적 존재이다. 청소년을 어떤 단면이나 부분만으로 이해해서는 안 되며 다면적·전체적인 존재로서 인식해야 한다.

둘째, 청소년은 신체적·인지적·정서적·사회적으로 변화하며 성장하는 과정 속에 있다. 청소년의 성장을 전체적·통합적으로 보지 않으면 어느 한 측면의 지나친 강조가 다른 측면의 성장을 저해하거나 환경적 요소들이 성장속도를 늦추거나 변화의 방향을 왜곡하는 등 바람직하지 못한 결과를 초래하기 쉽다.

셋째, 청소년기는 과도기로서의 의미뿐 만 아니라 가족으로부터 독립하고 동성과 이성의 친구를 선택하고 진로를 정하는 등 다양한 발달과업을 수행하는 시기에 있는 것이다.

넷째, 청소년은 한 사람의 인간으로서 인권을 가짐은 물론 그 연령 때문에 가정과 사회의 특별한 보호를 필요로 하는 존재인 것이다. 청소년을 미래의 주역으로만 부각, 현 사회의 구성원으로서의 인정을 소홀히 해 온 점이 없지 않다.

Ⅱ. 아동을 위한 자원봉사의 의의

1. 아동을 위한 자원봉사의 중요성

국가와 지방자치단체는 아동의 건강과 복지증진에 노력하여야하며 이를 위한 시책을 시행하여야 한다. 또한, 모든 국민은 아동의 권익과 안전을 존중하여야하며 아동을 건강하게 양육하여야 한다. 그리고 아동의 보호자는 아동을 가정 안에서 그의 성장 시기에 맞추어 건강하고 안전하게 양육하여야 한다고 아동복지법 제4조에 규정하고 있다.

아동의 문제는 곧 한 사회의 문제요, 한 국가의 문제요, 인류전체의 문제인 것이다. 아동이 건전한 시민으로 건실하게 성장할 터전을 마련하는 일은 성인과 사회가 담당해야 할 책임인 것이다.

우리의 아동·청소년들이 전인적으로 미래사회의 새로운 가치창조자이며 공동체적 삶을 실천하는 전인적 민주시민으로 육성하는데 자원봉사활동의 목적이 있다(김성이, 1997:16). 오늘날 아동들이 전인적으로 성장하는데 있어서 사회전반의 환경여건이 상당한 부담을 주고 있다. 도시화, 핵가족화, 성개방 풍조와 이혼의 증가, 교육여건의 미흡, 그리고 최근의 청년실업과 구조조정으로 인한 명예퇴직 및 조기퇴직자의 증가 등으로 인하여 개인, 가족 및 사회가 아동과 청소년이 건전하게 성장하고 적응하는데 어려움을 가져다주고 있다.

기존의 아동과 청소년을 위한 공식적·제도적 복지제도와 프로그램이 지속적으로 확대, 개선되어 가고 있음에도 불구하고 이들을 위한 대책은 역부족상태이다. 민간차원에서도 다양한 아동과 청소년 프로그램을 수립하여 실행하고 있고, 전문적인 서비스 역시 진전되어 가고 있다. 이러한 아동 청소년 대책의 보완적 기능 혹은 파트너로서의 자원봉사활동은 중요한 의의를 갖는다.

아동에 대한 시간, 노력, 금전의 투자는 현시적으로는 무가치한 것 같으나 밝은 미래를 위하여 매우 가치 있는 투자인 것이다.

2. 아동을 위한 자원봉사자의 역할

아동을 위한 자원봉사활동을 실행할 때 염두에 두어야 할 자원봉사자의 역할은 다음과 같다(한국여성개발원, 1990:67-69, 현외성, 2004,214-215 재인용).

인간화의 역할　자원봉사활동은 사회의 비인간적인 요소나 분위기를 보다 인간적인 분위기로 전환시키는 역할을 수행하게 된다. 또한 자원봉사지도력은 인력의 낭비를 예방하는데 이바지하고 있다. 자원봉사활동이란 인간에 대한 관심에서 출발하여 바람직한 인간관계를 지향하고 개인의 인적 낭비를 예방할 수 있는 활동이다. 우리 주변이나 사회에는 조그마한 봉사나 지도의 혜택을 받지 못하여 귀중한 인생을 낭비하는 사례가 많다. 인간은 누구나 발전할 수 있는 잠재능력을 가지고 있는데 불우하거나 원만치 못한 가정환경으로 부정적인 자아상을 가지며 변화에 잘 적응하지 못하고 자립의지를 상실한 아동을 그대로 방치해 둘 수는 없다. 이들에게 고독이나 불행을 극복하여 힘차게 성장할 수 있도록 자원지도력이 활용되어야 할 것이다.

사회화의 역할 인간은 나면서부터 사회화의 과정을 경험하게 된다. 건전한 사회화는 건전한 사회인으로 성장·발달하게 하는 요소로서 작용한다. 그러나 오늘날과 같이 복잡하고 급변하는 사회에서 건전한 사회화는 생각만큼 용이하지 않다. 아동의 사회화 과정은 가정을 비롯하여 유희집단, 친구집단, 학교나 직업 환경 등을 통하여 이루어진다. 그러나 부적절한 사회화 과정에서 야기되는 문제들 즉 정서적 문제, 가출, 비행이나 윤락 등의 많은 사회문제는 개인은 물론이고 가족, 사회, 국가에 큰 부담을 안겨 주게 된다. 이들의 정상적인 사회화를 위해서는 누군가의 도움이 요청된다. 즉 사회화 과정에 있어서 아동으로 하여금 사회의 기대를 받아들이게 하며 또 한편으로는 자력을 개선하고 개척해 나가도록 도움을 제공하는 역할이 요청되는 것이다. 자원봉사자의 역할은 아동의 올바른 사회화를 위하여 그들로 하여금 스스로의 감정을 언어로 표현하도록 격려하며, 적의나 소극적 감정을 적극적인 것으로 승화시킬 수 있도록 하고, 원만한 대인관계를 가지도록 하며, 목표나 목적달성의 의지를 굳히게 함으로써 건전한 사회인으로 성장하게 하는 것이다.

민주화의 역할 자원봉사자의 민주적 가치나 그 실천을 향한 지도력이 일찍부터 생활화된다면 모든 생활과 활동 면에서 원만한 민주시민으로 성장할 수 있을 것이다. 그리하여 타인의 인격을 존중하고 의사를 자유롭게 표현하며 결정된 일에 대해서는 책임감을 가지고 폭넓게 참여하며 협력하는 생활방식을 성취할 수 있을 것이다. 또한 자원봉사활동에서 평등의 개념을 중시한다면 인간적 격차를 줄이는 가교적 역할도 수행할 수 있을 것이다.

문제해결의 동참자로서의 역할 자원봉사활동은 자선활동과는 달리 문제를 가진 사람과의 공동 작업이다. 오늘날과 같이 가치관의 혼란에서 비롯되는 청소년들의 가정이탈, 비행 및 윤락 등 산적되는 문제들에 대처하기 위해서는 국가나 한정된 민간단체의 기능만으로 부족하므로 자원봉사동참자로서의 역할이 요청된다.

Ⅲ. 아동을 위한 자원봉사의 내용과 방법

1. 아동을 위한 자원봉사프로그램

아동을 위한 자원봉사활동은 크게 직접적 활동과 간접적 활동으로 대별할 수 있다. 직접적 활동이란 학생층, 주부층, 일반인 층이 개인이나 집단 및 지역사회에 관여하여 아동을 위한 프로그램이나 서비스에 직접 봉사하며 이들에게 건전한 성장·발달을 부여하고자 하는 것이다. 그리고 자원봉사자들이 대상에게 직접적인 개입을 행사하기보다는 한 조직 내의 중요한 구성요소인 이사나 위원으로서 활동하는 것을 비롯하여 각종 복지사업의 정책수립이나 재원확보 및 조직의 유지와 발전을 위한 개입활동 등을 전개하는 것을 간접적 활동이라 말한다.

<표-1> 아동 · 청소년을 위한 자원봉사프로그램

목 표	체 계	서 비 스	프 로 그 램
자립기능향상 (직접대인 서비스)	심리적지지	상 담	청소년 또래상담/ 비행청소년 상담지도
	사회성 증진	심리적 자립	결손가장 아동 지도/ 불우청소년 결연
		교육지원	시설아동 컴퓨터지도/ 어린이 공부방 학습지도/ 어린이 한자교실 지도/ 청소년에게 컴퓨터 및 자원봉사 전산망 활용방법 가르치기/ 청소년 자원봉사자를 위한 교육
		여가선용	보육시설아동 민속놀이지도/ 시설아동 종이접기 교실운영/ 연극지도/ 초등학생 야영보조/ 풍물놀이 지도
		사회활동지원	농촌활동 지도
	생활안정	보호활동	영·유아보호시설아동 돌보기/ 보육시설아동 돌보기
사회적지지 (간접서비스)	시설지원	업무보조	청소년단체·시설 업무보조/ 청소년 숙박시설 업무보조
		초청/방문	사회복지시설 방문봉사
	사회환경 조성	조사활동	청소년 유해 문화 환경 조사·감시/ 청소년 유해 환경 조사
		정보제공	자원봉사활동 정보지도 제작/ 청소년신문 제작/ 청소년을 위한 지역사회신문 제작
		캠페인	가출아동공동체 건립·운영을 위한 바자회/ 근로청소년을 위한 음악회/ 도서·놀이감 보내기 캠페인/ 불우청소년 장학금모금을 위한 물품기증바자회/ 소년소녀 가장 돕기 캠페인/ 심장병어린이 수술비 모금을 위한 편지쓰기/ 청소년을 위한 금연캠페인

아동을 위한 자원봉사프로그램은 <표-1>과 같다(한국사회복지협의회, 1997:22).

2. 아동을 위한 자원봉사에서 유의할 사항

아동을 위한 자원봉사활동을 할 때 유의사항은 다음과 같다(류기형 외, 2004:394-396).

대상아동에 대한 지속적인 관심과 이해 자원봉사활동에 있어서 중요한 것은 기술이나 재능보다 대상아동에 대한 지속적인 관심과 진정한 이해이다. 아동은 주변 사람들로부터의 사랑과 관심, 보호를 필요로 하고 주위 환경과 타인의 감정에 민감하며 욕구 충족에 대한 기대가 강렬하다. 아동들의 욕구 충족에 대한 계속적인 실패는 불안과 불신을 조장하고 바람직한 아동기의 가치관 형성에 상당한 지장을 초래한다. 따라서 자원봉사자는 대상아동에 대해서 지속적인 관심을 가지고 아동의 심리·정서적 변화와 주위 환경의 변화를 관찰할 수 있도록 하여야 한다.

약속시간 엄수와 신뢰관계 형성 자원봉사활동을 시작할 때 너무 무리하게 시간을 할애하면 쉽게 포기하는 경우가 발생한다. 봉사활동이 스스로에게 부담이 되면 더 이상 지속되기가 어렵다. 그러나 아동은 자신들이 경험하는 사회집단이나 타인과의 관계를 통해서 인간에 대한 사랑과 신뢰감을 형성한다. 자원봉사자가 대상아동과의 약속시간을 자주 어기게 되면 아동은 자원봉사자를 신뢰할 수 없게 되고 바람직한 관계 형성이 어렵게 된다. 그것은 곧 봉사활동으로서의 의미를 상실하게 되는 것이다. 그러므로 자원봉사자는 불가피한 경우에만 사전 양해를 구하도록 하고 효율적인 시간활용으로 봉사활동의 효과성을 높이고 시작할 때의 마음가짐을 지속시키는 것이 중요하다.

눈높이 자원봉사 아동들은 진정한 마음으로 자신과 대화를 나누고 이야기를 귀 기울여 들어 주며 자연스럽게 어울려 놀 수 있는 자원봉사자를 원하고 있다. 따라서 그들의 욕구를 세심히 관찰하고 그들의 수준에서 그들이 원하는 방향과 방법을 선택해 그들과 함께 하여야 자원봉사의 의미를 찾을 수 있다. 그리고 자선심이나 동정심에 의한 일방적인 시혜성의 선물은 자칫 잘못하면 아동에게 수치심을 주고 무력감을 느끼게 하며 상처를 줄 수 있을 뿐 아니라 의존심을 조장할 수 있으므로 유의하여야 한다.

아동의 솔직한 자기감정 표현과 긍정적인 감정의 유도 특히 아동기에는 다양하고 강한 욕구를 가지게 되고 이러한 욕구의 표현을 통한 충족을 필요로 한다. 아동이 가지는 욕구가 적절하게 충족되지 못하면 아동은 심리·정서적인 상처뿐만 아니라 욕구의 충족을 위해 거짓말 등의 왜곡된 욕구의 표현과 도벽 등의 비행을 유발할 수 있다. 따라서 자원봉사자들은 아동의 올바른 사회화를 위해 이들로 하여금 스스로의 감정을 말로 표현하도록 격려하며 적의나 소극적인 감정을 희망적인 것으로 승화시킬 수 있도록 도와야 한다.

원만한 대인관계 기술 및 일상생활 지도 가정과 학교, 사회에서 부적응 현상을 나타내는 아동들에게 사회적 인간으로 성장할 수 있도록 원만한 대인관계 기술과 일상생활 지도를 통하여 적응력 향상을 도와야 한다.

시설아동 자원봉사에 대한 각별한 주의 시설에 수용되어 있는 아동들은 현재 그룹 홈과 같은 소규모 형태의 시설 운영이 활성화되어 있지 못한 관계로 일반 아동과는 사뭇 다른 환경에서 자라고 있다. 이러한 사정으로 인하여 그들은 일상 속에서 직원으로부터 그들의 개별화된 욕구의 충족은 사실상 어렵다. 그러나 간헐적으로 방문하는 자원봉사자의 경우에는 대상아동을 상대로 할당된 짧은 시간만큼은 개별화된 관심과 사랑을 베풀 개연성이 매우 높다. 그러나 이는 역설적으로 어려운 여건 하에서도 최선을 다 하고 있는 직원과 아동 간의 관계를 악화시키는 빌미가 될 수도 있다. 시설아동을 위한 자원봉사의 경우 특히 이러한 역학관계를 사전에 충분히 검토하여야 한다.

특히 청소년을 위한 자원봉사활동을 할 때 자원봉사자의 자세와 유의사항을 살펴 본다(Ibid.:404-408).

청소년을 위한 자원봉사활동은 청소년이 자신과 환경 간의 관계에서 보다 나은 적응을 하도록 돕는 행위이다. 따라서 청소년을 위한 자원봉사활동을 단순한 정보제공에서부터 물질적 지원, 경제적 지원, 심리적 지원 등 구체적인 서비스 제공, 청소년을 둘러싼 환경을 변화시키는 환경조정, 타 기관으로의 의뢰 등 다양한 차원에서 이루어 질 수 있다. 자원봉사자는 심리적인 지지를 해 주는 지지자의 역할, 다양한 정보와 안내를 해 주고 문제해결 과정에서 청소년이 올바른 선택을 할 수 있도록 돕는 조언자·안내자의 역할, 다양한 지역사회서비스 자원을 연결하는 중개자의 역할, 청소년의 상황과 어려움을 지역사회에 알리고 옹호하는 대변자의 역할 등 다양한 역할을 수행할 수 있다.

유의사항으로는 긍정적인 초기관계의 수립, 자신의 역할과 업무의 한계에 대한 이해, 청소년의 서비스에 대한 욕구와 현재감정에 대한 검토, 공동의 목표선정 및 대안선택, 도움을 줄 사회적 자원탐색 및 의뢰, 교육적 요소중시, 청소년의 자기결정존중, 청소년을 둘러싼 환경과의 협력체제 구축, 청소년의 안전문제, 활동시작 전·종료 후 충분한 준비 등이다.

❖ 참 고 문 헌 ❖

김성이, "아동·청소년을 위한 자원봉사" 한국사회복지협의회, 자원봉사 프로그램백과③아동·청소년, 1997.

졸 저, 아동복지론, 베영출판사, 2005.

류기형 외, 자원봉사론, 양서원, 2004.

이용교, 한국청소년복지의 현실과 대안, 은평천사원, 1993.

장인협·오정수, 아동·청소년복지론, 서울대학교출판부, 2002.

현외성, 자원봉사론 강해, 학지사, 2004.

제 9 장

노인을 위한 자원봉사활동

노인복지란 노인이 인간다운 생활을 영위하면서 자기가 속한 가족과 사회에 적응하고 통합될 수 있도록 필요한 자원과 서비스를 제공하는데 관련된 공적·사적 차원에서의 조직적인 제반 활동을 뜻한다(全宰一 外, 1998:253).

Ⅰ. 자원봉사의 대상으로서의 노인

노인복지법에서는 65세 이상의 사람을 노인으로 규정하고 있다. 우리사회는 고령화 사회이다. 경제성장에 따른 생활개선과 의학기술의 발달은 인간의 수명을 연장시켜 노인인구는 계속 증가되고 있다.

R. J. Havighurst는 노년기의 발달과업(Developmenal Task)으로 신체적 능력과 건강의 쇠퇴에 대한 인식과 적응, 정년퇴직과 소득감소에 대한 적응, 배우자의 죽음에 대한 적응, 동년배들과의 유대강화, 사회적 역할에 대한 적응, 노후생활에 맞는 물리적 환경의 조성 및 적응 등을 들고 있다.

노인문제는 노인이 살고 있는 사회 환경과 생활태도에 따라 다양하게 나타난다. 노인은 나이가 들면 건강을 상실하고 심신 기능이 쇠약해 지고 직장에서 물러나게 되어 결과적으로 수입도 감소된다. 직장을 그만두고 사회 일선에서 은퇴하게 되면 사회적인 역할과 지위도 상실되어 사회적으로나 심리적으로 소외, 고립되는 상태에 이르게 된다. 우리나라에서는 일반적으로 노인문제를 빈곤, 병고, 고독, 무위 등의 4고(四苦)로 표현하고 있다. 이로 인한 생계문제, 건강문제, 소외문제, 여가문제에 직면하게 된다. 노인이 퇴직 후 소득 감소에서 오는 생계 문제, 노화과정에서 갖게 되는 심신쇠약으로 인한 건강문제, 은퇴 후 가정과 사회에서의 역할 상실 및 지위의 저하, 그리고 친구나 배우자의 사망 등에서 오는 고독감, 소외감 등은 현대 노인들이 당면하고 있는 문제들이다.

노인문제의 발생 원인을 살펴보면 수명연장에 따른 노인인구의 증가, 핵가족화와 여성의 사회진출 증가 등에 따른 가족의 부양기능 약화, 그리고 생활환경 변화에 의한 노인의 적응능력 약화 등에서 찾아볼 수 있다. 이러한 요인들이 개별적으로 또는 상호 연계되어 노인들의 생활능력을 저하시키고 있다. 더구나 우리는 가족들의 부양기능을 강화시켜 줄 수 있는 사회지원체계가 아직 개발되지 못했기 때문에 오늘의 노인문제가 더욱 심각해지고 있다(고양곤, 1997:11).

Ⅱ. 노인을 위한 자원봉사의 의의

1. 노인을 위한 자원봉사의 필요성

노인문제는 사회적인 문제로서 파악되어야 한다. 그것은 본인이나 가족의 노력만으로는 해결이 곤란하며 복지·교육·보건·의료·노동·주택 등 삶의 모든 영역과 관련되어 있어 개인이나 가족만의 과제가 아니라 사회적 과제로 볼 수 밖에 없다.

고령화 사회의 진전과 가족보호기능의 저하 등과 관련해서 취약한 노인의 보호, 즉 혼자 사는 노인, 거동 불능 또는 치매성노인 등의 보호와 지원을 위해서는 자원봉사활동이 필요불가결하다.

고령자가 거동불능, 독거, 기타 여러 가지 생활문제에 직면하게 될 때 공공기관이든 민간기관이든 상담기관·시설·병원 등에서의 케어를 필요하게 된다. 또한 고령자가 스스로 일상생활 동작을 할 수 없게 되면 케어의 부담이 크게 증대되어 가족 성원들은 생활 전반에 걸쳐 어려움을 겪게 된다. 뿐만 아니라 고령자 자신도 충분한 도움을 받을 수 없는 경우가 많다. 이런 상황은 가족 성원들 사이에 갈등을 유발하여, 심한 경우 가족해체를 초래할 수도 있다. 그러므로 고령화 사회의 진전에 따라 고령자들의 케어 욕구를 충족시켜 주고 수발자의 케어 부담을 경감해 주는 사회적 케어가 요구되고 있다.

또한 건강한 노인의 문제, 예컨대 삶의 보람 만들기, 사회참가의 촉진 등과 관련해서도 자원봉사활동은 더욱 중요한 시대적 과제가 되고 있다.

자원봉사의 필요성과 관련해서 노인들의 욕구가 다양화되고 있는 바, 이러한 경향은 자원봉사활동이 단순한 신변수발과 관련된 범위를 넘어 삶의 보람이라는 문제까지도 포함되어야 함을 시사하고 있다(류기형 외, 2004:412).

2. 노인을 위한 자원봉사의 목표

노인을 돕는 자원봉사활동의 목표는 노인문제의 핵심을 이루는 빈곤, 질병, 역할 상실에서 오는 소외감, 고독감 등의 문제를 해결하면서 모든 노인들이 건강하고 생산적이며 통합적인 생활을 유지하여 보다 즐겁고 만족스러운 노후생활, 즉 성공적인 노후생활을 가질 수 있도록 도와주는 것이다(고양곤, 1997,14-15).

건강한 노후생활(Healthy Aging) 건강유지는 성공적인 노후생활의 필수 조건이다. 사회보장제도를 통하여 노후 소득보장이 잘 되어 있는 서구 여러 나라에서는 노인의 빈곤문제보다는 건강문제에 더 큰 관심을 나타내고 있다. 이들 국가에서는 노인의 보건정책을 주로 노인성 질병의 치료에 역점을 두고 허약한 노인들을 노인 전문병원이나 요양원에 입원시켜 보호하여 왔다.

그러나 이러한 방법은 고령 노인의 보건·의료문제를 근본적으로 해결하지도 못하고, 오히려 의료비 지출만 상승시키는 결과를 가져왔다. 따라서 이들 국가들은 요즈음 노인들의 건강문제를 과거의 치료 중심에서 질병예방, 보건관리, 건강보호 등을 강조하는 건강증진 프로그램을 적극 추진하고 있다. 병약한 노인들이 장기요양 시설에 격리되어 보호받는 것 보다는 지역사회의 모든 자원을 활용하여 가정에서 보호하는 것이 더 경제적이고 인간적인 접근이라고 생각하여 재가노인을 위한 다양한 서비스를 제공하고 있다. 최근에는 재가노인에게 필요한 의료 장비와 의료 서비스를 환자 가정에 투입하여 도와주는 재가노인보호, 임종간호, 가정요양보호 등을 실시하여 보다 인간적이고 개별적인 재가노인서비스를 제공하고 있다.

생산적인 노후생활(Productive Aging) 고령 노인의 빈곤 문세를 해결하기 위해서는 현재 실시하고 있는 사회보장제도의 고정된 연금으로는 물가의 상승이나 값비싼 의료비를 감당할 수 없어 이에 대한 보완책으로 보충연금제나 의료 보조 등을 통하여 노후 생활을 도와주고 있다. 그러나 이러한 방법은 정부의 재정 부담을 더욱 증가시키고 오히려 노인들을 사회로부터 격리시키는 결과를 가져오기 쉽다. 따라서 정부의 사회보장비를 줄이고 노인 인구의 빈곤 문제를 근본적으로 해결하면서 동시에 노인이 심신건강을 유지할 수 있는 비결은 취업 활동이나 지역사회 봉사활동을 통하여 생산적인 노후 생활을 계속하도록 지원하는 방법이다. 이를 위해 각국에서는 정년연령을 연장하거나, 노인이 계속해서 일하기를 원하고 일할 능력이 있는 사람에게는 언제까지나 근무할 수 있는 자유정년제를 제공하며, 일단 은퇴한 노인들에게도 재취업의 기회를 제공하여 생산적인 활동을 계속할 수 있도록 권장하고 있다. 또한 취업 활동이 어렵거나 취업을 원하지 않는 노인들은 자원봉사, 학습활동, 사회활동 등 의미 있는 여가 활동을 통하여 보람 있고 생산적인 노후생활을 계속하도록 지원하고 있다.

통합적인 노후생활(Integrated Aging) 직장에서 은퇴한 노인들은 가정이나 사회에서 소외되고 고독한 나날을 보내는 경우가 많다. 핵가족화로 인한 자녀와의 별거, 배우자 및 친구들의 사망, 은퇴 후 갖게 되는 역할 상실감과 수입 절감에서 오는 무력감, 고독감 등은 수많은 노인들에게 사회적·심리적 고립과 소외라는 문제를 주고 있다. 또한 젊은이들의 사회적, 지리적 이동은 노인 세대를 사회로부터 격리시키고 있다.

노인들은 일반적으로 젊은이들과 같이 일하기를 원하며 사회에 유익한 생산적인 일을 계속하고 싶어 한다. 동시에 노인들은 여러 사람과의 관계 유지를 원하며 특히 가족, 이웃, 친구, 친지들과 다정한 인간관계를 계속하고 싶어 한다. 이러한 노인들의 사회적·심리적 욕구를 충족시키고 노후생활의 고독과 소외감을 방지하기 위해서 노인들을 사회적으로 통합시킬 수 있는 프로그램이 필요하다. 예를 들면 노인 취업활동을 통한 사회적 통합, 다양한 형태의 노인주택을 통한 환경적 통합, 여가활동·종교활동·사회활동 등을 통한 세대 간의 통합, 가정봉사원 파견·주간보호사업·단기보호사업 등을 통하여 이루어지는 노인세대와 지역 주민간의 통합 등을 들 수 있겠다.

Ⅲ. 노인을 위한 자원봉사의 내용과 방법

1. 노인을 위한 자원봉사의 내용

노인을 위한 자원봉사 장소로는 노인의 가정, 지역사회의 이용시설(사회복지관, 노인복지관, 병원, 보건소 등), 그리고 노인전문병원 또는 장기보호요양시설 등이 있다.

노인을 위한 봉사활동은 지역사회의 일반 가정에 살고 있는 재가노인을 위한 봉사와 수용시설에 입소되어 있는 시설노인들을 위한 봉사이다.

노인을 위한 자원봉사프로그램을 보면 <표-1>과 같다(한국사회복지협의회, 1997:21).

<표-1> 노인을 위한 자원봉사프로그램

목 표	체 계	서 비 스	프 로 그램
자립기능 향상 (직접대인서비스)	심리적 지지	정서적 위문	노인에게 안부전화걸기/ 독거노인 가정결연/ 무의탁노인 가정방문
		심리적 자립	욕창관리 지도/ 인지치료/ 작업요법 지도/ 회상치료 지도
	사회성 증진	교육지원	노인대학 운영보조/ 문맹노인 학습지도
		사회활동지원	노인자서전 쓰기/ 독거노인 모임/ 장애인 및 허약노인 외출동행/ 치매노인 사회적응지도
		여가선용	노인체육지도/ 노인 취미활동 그룹지도/ 노인특기 개발지도
	생활안전	취업지원	노인 취업알선
		생활지원	노인 가정 환경미화/ 노인급식/ 노인 목욕보조/ 도시락 배달/ 무의탁노인 세탁물 배달/ 이·미용/ 탁노 서비스
		의료지원	노인건강 강좌/ 노인진료/ 임종간호(호스피스)/ 저소득층 노인 진료단 조직
		보호활동	무의탁장애노인 수발
사회적지지 (간접서비스)	시설지원	업무보조	시설환경 정리/ 차량운행
		방문활동	노인시설 위문공연/ 노인정 방문
	사회환경조성	조사·개발	노인관련 출판물 제작

① 재가노인을 위한 봉사 재가노인을 위한 서비스는 지역사회에 거주하는 노인의 집이나 이용시설을 방문하여 노인 및 부양자들에게 필요한 서비스를 제공하는 사업이다. 가정방문봉사, 주간보호, 단기보호, 임종간호, 그리고 노인안부전화 등이 대표적인 봉사활동이라고 볼 수 있다. 가정방문 봉사로는 가사서비스(청소, 세탁, 시장보기, 식사준비 등), 간병서비스(병간호, 병원동행, 수발, 약물복용), 심리사회적 서비스(말벗, 상담, 잔심부름, 편지 써주기, 행정대서, 후원자결연, 정보제공) 등이 있고, 주간보호봉사로는 급식, 목욕, 기능훈련, 재활, 운동, 오락, 건강교육 등 그리고, 단기보호봉사로는 급식, 간호보조, 방문봉사활동, 말벗, 상담, 위문프로그램, 임종간호봉사로는 임종환자와 부양자를 위한 각종 서비스 제공 등을 들 수 있다.

② 시설노인을 위한 봉사활동 시설노인들을 위한 봉사활동으로는 말벗, 상담, 각종 행사 돕기, 취미교육, 오락 지도, 청소, 물리치료 보조, 위문 활동 등 다양한 봉사서비스를 제공할 수 있다. 또한 시설노인을 위한 후원자 결연사업, 재정후원, 시설장비·도구지원 등 다양한 서비스 프로그램을 계획하고 지원할 수 있다.

2. 노인을 위한 자원봉사의 방법

노인을 위한 자원봉사의 원칙 노인을 위해 봉사할 때에는 다음의 원칙들을 준수하는 것이 바람직하다(Ibid.:19-20).

① 노인의 존엄성과 개성을 존중하여야 한다.
② 개인의 자주성과 독립성을 인정하고 존중하여야 한다.
③ 노인은 문제해결에 스스로 결정할 수 있는 권리를 가지고 있다.
④ 노인은 복지혜택을 받을 수 있는 권리가 있으며 동시에 자기의 문제해결을 위한 책임과 의무를 다할 수 있도록 해야 한다.
⑤ 노인을 도울 때는 신체적, 심리적, 지적, 사회적 제반 영역을 다 같이 고려하여 도움을 주어야 한다.
⑥ 노인은 전문적인 수준에 맞는 서비스를 제공받아야 한다.
⑦ 노인은 각 시대의 독특한 욕구에 맞는 서비스를 제공받아야 한다.

노인을 위한 자원봉사자의 역할 및 준수사항 자원봉사자는 자신이 가지고 있는 시간, 재능은 물론 지역사회에 있는 자원을 충분히 활용하여 노인이 필요로 하는 서비스를 제공한다. 개인적으로는 서비스 제공자, 상담자, 정보제공자 등의 역할을 수행하고, 사회적으로는 노인들의 권익을 대변하고, 문제를 해결하며, 비인간적인 사회 환경을 개선하는 역할을 수행한다.

노인을 위한 자원봉사자활동의 수행과정에서 지켜야 할 준수사항은 다음과 같다.

① 노인을 대할 때는 단정한 외모와 겸손한 태도로 봉사한다.
② 봉사활동은 노인의 관심사에서부터 시작한다.
③ 노인의 욕구와 요구에 따라 봉사한다.
④ 노인과 합의하에 봉사활동을 계획하고 실천한다.
⑤ 봉사활동의 한계를 분명히 하고 무리를 안 한다.

⑥ 노인과 약속한 사항은 꼭 지켜 신뢰받는 봉사자가 된다. 만일 약속을 지키지 못할 경우에는 그 이유를 사전에 설명한다.
⑦ 봉사활동 중에 알게 된 노인에 관한 비밀을 보장해야 한다.
⑧ 봉사활동을 계속하지 못할 경우에는 노인에게 상처를 주지 않도록 신중하게 종결한다.
⑨ 봉사활동 경과를 기록, 점검, 평가하여 참고자료로 남긴다.
⑩ 노인복지분야에 관한 전문적인 지식과 기술을 습득하고 자신의 성장을 위해 지속적인 노력을 기울인다.

노인을 위한 자원봉사자가 해서는 안 될 사항으로 다음을 지적할 수 있다.

① 봉사대상자에게 일방적인 명령이나 강요를 하지 않는다.
② 봉사대상자에게 훈계나 설교를 하지 않는다.
③ 봉사대상자와 논쟁을 하지 않는다.
④ 봉사대상자의 의견이나 태도를 비난하거나 비판을 하지 않는다.
⑤ 봉사대상자를 헐뜯거나 조롱하지 않는다.
⑥ 봉사대상자에게 왜냐고 되풀이해서 캐묻지 않는다.
⑦ 봉사대상자의 의견을 무시하지 않는다.
⑧ 봉사대상자를 빈정거리지 않는다.
⑨ 봉사대상자에게 값싼 동정을 표시하지 않는다.
⑩ 봉사대상자에게 반말이나 농담을 하지 않는다.

❖ 참 고 문 헌 ❖

고양곤, "노인을 위한 자원봉사" 사회복지협의회, 자원봉사 프로그램 백과④ 노인, 1997.

류기형 외, 자원봉사론, 양서원, 2004.

全宰一 外, 社會福祉論, 螢雪出版社, 1998.

제 10 장

장애인을 위한 자원봉사활동

Ⅰ. 자원봉사의 대상으로서의 장애인

Ⅱ. 장애인을 위한 자원봉사의 의의

Ⅲ. 장애인을 위한 자원봉사의 내용과 방법

장애인복지는 지체·시각·청각·언어·정신 등의 장애로 인한 가족생활·사회생활의 곤란에 대하여 의료적·교육적·직업적·사회적·심리적 재활 등을 통하여 사회적 인식의 개선과 물리적 환경을 조성하며 모든 분야에서 사회적 생활이 보장되고 심리적으로 안정된 삶을 영위하도록 원조하는 국가 및 사회의 조직적 노력을 뜻한다(全宰一 外, 1998:271).

Ⅰ. 자원봉사의 대상으로서의 장애인

장애인이란 개념을 보편화시키기란 쉬운 일이 아니다. 그것은 장애의 양태나 그것이 지니는 문제의 양상이 다양할 뿐 아니라, 사회적인 관념의 차이에 따라 장애를 규정하는 기준이나 관점이 상이하게 나타나기 때문이다.

1975년 12월에 채택된 국제연합의 장애인권리선언에서는 선천적이든 후천적이든 신체적·정신적 능력의 결여 때문에 개인 혹은 사회생활에 필요한 것을 자기 스스로 완전히 혹은 부분적으로 확보할 수 없는 사람을 장애인으로 정의하고 있다. 우리나라 장애인복지법에 의하면 장애인은 신체적·정신적 장애로 인하여 장기간에 걸쳐 일상생활 또는 사회생활에 상당한 제약을 받는 자로 규정하고 있다. 이와 같이 장애인은 사회생활을 영위해 나가는데 기능적으로 제약을 받고 이로 인하여 심리적으로 많은 위축을 받고 있는 사람을 지칭한다(拙 著, 2005:208).

장애인복지법 시행령 제2조 관련 별표1에는 장애인을 구체적으로 지체장애인, 뇌병변장애인, 시각장애인, 청각장애인, 언어장애인, 정신지체인, 발달장애인, 정신장애인, 신장장애인, 심장장애인, 호흡기장애인, 간장장애인, 안면장애인, 장루·요루장애인, 간질장애인으로 구분하고 있다.

이 중 대종을 이루고 있는 장애인은 다음과 같다.

① 지체장애인 : 한 팔, 한 다리 또는 몸통의 기능에 영속적인 장애가 있는 사람, 한 손의 엄지손가락을 지골관절 이상의 부위에서 잃은 사람 또는 한 손의 둘째손가락을 포함한 2 이상의 손가락을 모두 제1지골관절 이상의 부위에서 잃은 사람, 한 다리를 리스프랑(lisfranc) 관절 이상의 부위에서 잃은 사람, 두 발의 모든 발가락을 잃은 사람, 한 손의 엄지손가락의 기능을 잃은 사람 또는 한 손의 둘째손가락을 포함한 2 이상의 손가락의 기능을 잃은 사람, 왜소증으로 인하여 키가 심하게 작거나 척추에 현저한 변형 또는 기형이 있는 사람, 지체에 위에 제시된 장애정도 이상의 장애가 있다고 인정되는 사람.

② 시각장애인 : 나쁜 눈의 시력이 0.02 이하인 사람, 좋은 눈의 시력이 0.2 이하인 사람, 두 눈의 시야가 각각 주시점에서 10도 이하인 사람, 두 눈의 시야의 1/2 이상을 잃은 사람.

③ 청각장애인 : 두 귀의 청력 손실이 각각 60dB 이상인 사람, 한 귀의 청력 손실이 80dB 이상 다른 귀의 청력 손실이 40dB 이상인 사람, 두 귀에 들리는 보통 말소리의 명료도가 50% 이하인 사람, 평형기능에 상당한 장애가 있는 사람.

④ 언어장애인 : 음성기능 또는 언어기능에 영속적으로 상당한 장애가

있는 사람.

⑤ 정신지체인 : 정신발육이 항구적으로 지체되어 지적 능력의 발달이 불충분하거나 불완전하고 자신의 일을 처리하는 것과 사회생활에의 적응이 상당히 곤란한 사람.

⑥ 발달장애인 : 소아기 자폐증, 비전형적인 자폐증에 의한 언어·신체표현·자기조절·사회적응기능 및 능력의 장애가 있는 사람.

⑦ 정신장애인 : 지속적인 정신분열증, 분열형 정동장애, 양극성 정동장애 및 반복성 우울장애에 의한 감정조절·행동·사고기능 및 능력의 장애가 있는 사람.

장애인은 일상생활을 영위하는데 다음과 같은 어려움을 가지고 있다(류기형 외, 2004: 424).

첫째, 건강을 유지하는데 있어서의 어려움이다. 예컨대, 척수손상자에게는 욕창이나 방광·직장장애, 호흡기 합병증이 일어나기 쉽고, 뇌졸중 환자에게는 고혈압이나 심장질환, 당뇨병 등의 합병증을 갖게 되는 경우가 적지 않다. 이러한 것들은 생명을 위협하는 경우도 종종 있는데 문제가 되는 것은 그 관리가 결코 용이하지 않다는 점이다.

둘째, 일상생활의 동작을 하는데 있어서의 어려움이다. 신체 운동기능장애는 그 자체가 저해인자가 된다. 또한 호흡기나 심장에 기능장애가 있는 사람도 운동 부담이 과도한 심장박동이나 호흡곤란을 일으켜서 작업을 계속할 수 없게 만들며, 중증일 경우에는 어쩔 수 없이 침대 밖을 벗어나지 못하는 생활을 하게 만드는 경우도 드물지 않다.

셋째, 사회생활에의 참가가 곤란함에서 비롯되는 어려움이다. 사회생활에의 참가가 곤란한 결과 교육의 기회를 누릴 수 없다든지, 직업이나 경제적인 활동에서의 제약이 있다든지, 친한 사람들·지역사회와의 교류가 제한된다든지, 스포츠·연극관람·여행 등에 참가할 기회도 얻을 수 없는 것도 만족스러운 생활이라 할 수 없는 상태이다.

장애를 갖고 있다는 것은 비극이 아니다. 올바르게 육성할 수 없다는 것이 비극이라고 한다. 여기서 육성한다는 것은 결국 재활의 문제가 된다. 장애아동을 위한 백악관회의에서 J. Carter 대통령은 장애인도 단순히 보호적 복지에만 의존할 것이 아니라 자신의 능력을 활용하여 독립적 사회생활을 영위하게 하는 것이 바람직하다. 즉, 세금의 수혜자로서 만이 아니라 자신의 세금을 사회에 냄으로써 함께 사회생활에 참여하는 권리를 향유하게 하는 것이 중요하다고 하였다.

재활(rehabilitation)이란 장애인에게 의료적, 사회적, 교육적, 직업적인 훈련을 통합적, 협동적으로 실시함으로써 장애인이 가진 잠재능력을 개발시켜 스스로 독립적인 삶을 살아가도록 하는 것이다. 이러한 재활사업은 사회경제적 의의와 인도주의적 의의로 나누어 생각해 볼 수 있다. 장애로 인한 빈곤은 영구화할 가능성이 많고 따라서 이러한 빈곤은 사회경제의 발전에 도움을 주지 못하고 구매력의 약화와 사회적 부담을 가중시키는 것이다. 이러한 장애인들을 사회·경제적으로 독립시킬 수 있게 하는 것과 인간으로서의 평등한 삶을 살 수 있도록 하는 인도주의적 사업이 곧 재활사업이라 하겠다.

구체적인 재활사업에는 의료적 재활, 직업적 재활, 교육적 재활, 사회적 재활, 심리적 재활 등이 있다(李泰榮, 1984:145, 拙著, 2005:222-226). 의료적 재활이란 질병이나 사고에 의한 후유증, 만성질환, 노인병 등 장기치료를 요하는 환자의 잠재능력을 개발하는 내과적, 외과적 치료의 응용과 함께 모든 물리적, 심리적 수단을 보충적으로 병용하는 일련의 의료조치인 것이다. 직업적 재활은 직업지도, 직업훈련, 직업알선 등의 직업적 서비스의 제공을 포함한 계속적 종합적 재활과정으로서 장애인의 적절한 취업과 사회복귀 및 그 유지를 가능케 하도록 계획된 원조과정이다. 교육적 재활이란 장애인이 가지고 있는 능력을 최대한도로 향상시키고 발휘케 하며 잠재능력인 가능성을 개발하여 사회생활에 스스로 적응해가도록 도움을 주는 교육제도와 교육적인 방법 및 기술을 총칭하는 말이다. 사회적 재활은 장애인의 '완전 참가와 평등' 의 이념에 입각하여 아무런 차별과 불편을 느끼지 않고 그가 속한 사회의 주류 문화를 공유하면서 직업생활, 가정생활 등의 사회생활을 충분히 영위하도록 국민의 수용적 태도와 사회적 인식의 개선을 말한다. 장애인의 공통된 심리적 상황은 사회적 열등감(inferiority feeling)과 불안이다. 장애인은 자기 신체의 일부분에 장애로 인하여 정신적인 장애를 가지기 쉽다. 그것은 사회의 비장애인들이 장애인에 대한 편견과 인식의 잘못에서 오는 이중의 장애이기도 하다. 이러한 장애를 없애고 사회적 기능을 최대한으로 수행할 수 있도록 하는 것이 심리적 재활이다.

Ⅱ. 장애인을 위한 자원봉사의 의의

1. 장애인을 위한 자원봉사의 필요성

장애인의 장애나 부적응 행동이 하루속히 개선되게 하기 위해서는 이들에게 적기에 적당량의 치료를 해야 한다. 또 장애인이 일반인과 접촉하고, 일반인이 하는 경험과 같은 경험을 하게 하고 원하는 활동을 할 수 있게 하기 위해서는 그렇게 할 수 있는 기회를 갖게 해야 한다. 그러기 위해서는 가정·장애인 복지시설·특수교육기관·장애인 복지단체 및 기관 등에서 장애인의 보호·교육·치료·취업·기타 생활을 잘 할 수 있도록 돕는 사회적 지원체계가 있어야 한다. 특히 그 중 무엇보다 장애인들을 돕는 많은 인력의 지원이 필요하다.

그러나 현재는 필요한 인력을 요구되는 수만큼 공급하지 못하고 있다. 그러므로 시민들의 자발적 봉사가 필요하다. 모든 장애인이 정상적인 생활을 할 수 있게 하기 위해서는 이들에게 필요한 지원도 해야 하지만, 장애인에 대한 일반인의 인식을 개선하고, 모두가 공동체 의식을 갖게 해야 하는데, 그 방법 중 가장 좋은 방법은 장애인을 위한 자원봉사활동을 하게 하는 것이다. 봉사활동은 이러한 점에서도 필요하다고 할 수 있다(김승국, 1997:13-14).

자원봉사활동이 존재하는 곳이라면 장애인은 그 활동의 주요한 대상 중 하나라고 할 수 있을 것이다. 비록 그 활동이 연민에서 비롯된 것이든, 인간존중의 사상에서 비롯된 것이든, 사회연대의식에서 생긴 것이든 간에 장애인은 그 일차적인 대상이 되어 왔다. 선진국의 장애인정책은 말할 것도 없고, 우리나라의 장애인관련법을 중심으로 한 각종 시책들은 명시적이건 묵시적이건 모두 이러한 맥락에서 자원봉사자들의 활용을 최대화한다는 것을 전제로 하고 있다.

따라서 민간을 중심으로 해서 계속되어 왔던, 장애인에 대한 고전적인 자원봉사활동이라 할 수 있는 장애인의 신변 수발 외에도 다방면에 걸친 다양한 자원봉사활동들이 장애인의 삶을 위해 공공부문과 민간부문을 막론하고 활발히 진행되고 있다(류기형, 2004:423).

2. 장애인을 위한 자원봉사활동의 목표

김승국(1997:14-15)은 장애인을 위한 자원봉사의 목표를 다음과 같이 제시하였다.

① 장애인이 주류사회에 통합되어 정상적인 생활을 할 수 있게 한다.
② 장애인과 일반인이 빈번하고 집중적인 접촉을 할 수 있게 한다.
③ 장애인도 일반인이 하는 경험과 같은 경험을 할 수 있게 한다.
④ 장애인의 잠재력이나 소질이 충분히 개발되고, 장애가 개선되게 한다.
⑤ 장애인이 많은 체험과 지식을 갖게 하고, 생활에 필요한 기술을 획득할 수 있게 한다.
⑥ 장애인이 여가를 선용하고, 풍부한 정서 생활을 할 수 있게 하며, 기타 원하는 활동이나 해야 할 활동을 할 수 있게 한다.

⑦ 보다 많은 장애인이 취업하고, 직장에서 적응을 잘 할 수 있게 한다.
⑧ 장애인이 지역사회 및 기관을 편하게 이용할 수 있게 한다.
⑨ 장애인이 자신감과 삶의 의욕을 가질 수 있게 한다.
⑩ 장애인을 지원하는데 필요한 정보나 자료를 단기간 내에 확보하여 이를 활용할 수 있게 한다.
⑪ 행사의 진행이나 사업의 운영이 원활하게 이루어지게 함으로써 장애인에게 보다 많은 이익이 돌아갈 수 있게 한다.
⑫ 장애인과 그 부모의 부담 그리고 장애인 관련 단체나 기관 종사자의 부담(시간·경비포함)이 경감될 수 있게 한다.
⑬ 일반인이 장애인과 그들에게 필요한 지원을 이해하고, 이들에 대해 관심을 가질 수 있게 한다.
⑭ 일반인은 물론 장애인도 사회적 관심(공동체 의식)을 가질 수 있게 한다.
⑮ 자원봉사자가 삶의 보람을 느낄 수 있게 한다는 것을 일반인이 인식할 수 있게 한다.

Ⅲ. 장애인을 위한 자원봉사의 내용과 방법

1. 장애인을 위한 자원봉사의 내용

장애인을 위한 자원봉사활동은 장애인의 가정에서 할 수 있으며 일반 가정이 아닌 그룹 홈(group home, 여러 명의 장애인이 보육사와 같이 한 가정을 꾸미고 사는 집단가정)에서 봉사활동을 할 수 있다. 장애인을 위한 봉사활동은 이 밖에 장애인복지시설, 특수교육기관, 장애인 복지단체, 한국장애인고용촉진공단 등에서도 할 수 있다(김승국, 1997:16-17).

장애인복지시설에는 장애인 재활시설, 장애인 요양시설, 장애인 유료복지시설, 장애인 이용시설, 장애인 직업재활시설, 점자도서관, 점서 및 녹음서 출판시설 등이 있다.

① 장애인 재활시설 : 장애인을 입소 또는 통원하게 하여 그들에게 재활에 필요한 상담치료 또는 훈련을 행하는 시설

② 장애인 요양시설 : 항상 돌보아 주어야 할 장애인을 입소하게 하여 상담치료 또는 요양을 행하는 시설

③ 장애인 유료 복지시설 : 비용을 입소 또는 통원한 장애인으로부터 수납하여 운영하는 장애인 재활시설과 장애인 요양시설

④ 장애인 이용시설 : 무료 또는 저렴한 요금으로 장애인을 통원하게 하여 상담치료, 훈련, 사회와의 교류 촉진 및 여가 선용 등의 편의를 종합적으로 제공하는 시설 예컨대 장애인 종합복지관, 장애인종별복

지관, 재활병원, 장애인 체육관 등

⑤ 장애인 직업재활시설 : 장애인을 입소 또는 통원하게 하여 직업을 주어 자활시키는 장애인 근로시설과 취업이 곤란한 장애인에게 필요한 훈련을 하여 직업을 주는 보호작업장

⑥ 점자도서관 : 무료 또는 저렴한 요금으로 시각장애인에게 점자간행물 또는 녹음서를 열람하게 하는 시설

⑦ 점서 및 녹음서 출판시설 : 무료 또는 저렴한 요금으로 시각장애인에게 점자간행물 및 녹음서를 제공하기 위하여 이를 출판하는 시설

특수교육기관이란 특수교육의 대상인 장애인에게 유치원 초등학교 중학교 고등학교의 과정을 교육하는 특수유치원 특수학교 및 특수학급과 장애인 직업전문학교를 말한다. 특수학교에는 시각장애학교 청각장애학교 정신지체학교 지체장애학교 정서장애학교가 있다. 특수학급은 주로 일반 초등학교와 중학교에 설치되어 있다. 장애인 직업전문학교는 장애인에게 직업훈련을 하는 기관으로 한국장애인고용촉진공단의 산하에 있거나 지원을 받는 교육기관이다.

장애인 복지단체는 장애인의 복지를 증진하고 자립을 도모하기 위하여 활동하는 단체를 말한다. 그 중에는 한국장애인복지체육회를 비롯한 26개의 주된 단체가 있다.

한국장애인고용촉진공단은 현재 10여개의 지방사무소를 두고 장애인의 고용을 촉진하는데 필요한 각종 사업을 추진하고 있는 노동부 산하 기관이다.

장애인을 위한 자원봉사프로그램은 <표-1>과 같다(한국사회복지협의회,

1997:20).

<표-1> 장애인을 위한 자원봉사프로그램

목 표	체 계	서 비 스	프 로 그 램
자립기능 향상 (직접서비스)	심리적지지	정서적 위문	동료 상담/ 재활전화 상담
		심리적 자립	발달장애인 친구되기
	사회성 증진	사회활동지원	발달장애인의 대중교통이용 지도 및 보조/ 발달장애인의 지역사회시설이용 지도 및 보조/ 언어소통을 위한 수화통역/ 외출 동행/ 중증장애인 나들이 보조/ 차량 지원/ 특수학교 장애아동 통학보조
		교육지원	장애아동 학습보조/ 장애아동 학습지도/ 장애인 컴퓨터교육/ 시각장애인 이동훈련 보조
		여가선용	장애아동 발달을 위한 학예활동 지도/ 체육활동 지도/ 현장학습 보조/ 여가선용 보조
	생활안전	취업지원	구인·구직 개척/ 구직 장애인을 위한 직업상담/ 작업지도 및 보조/ 장애인 직업재활을 위한 욕구분석 보조/ 취업알선 및 사후 지원/ 고용홍보 보조
		생활지원	목욕보조/ 반찬지원/ 이·미용/ 가사활동지원
		보호활동	장애아동 돌보기
		의료지원	순회진료/ 언어치료보조
사회적 지지 (간접서비스)	시설지원	업무보조	관련시설·단체 업무보조/ 시각장애인을 위한 녹음도서제작보조/ 시각장애인을 위한 도서전산화/ 장애아동 학습증진을 위한 학습자료제작보조/ 전국장애인 체육대회 보조/ 후원자 개발·관리 보조
		기술지원	설비·장비 보수 및 환경관리
	사회환경 조사	조사·개발	장애인관련 조사연구사업 보조
		캠페인	장애인관련 각종 행사

2. 장애인을 위한 자원봉사의 방법

장애인을 위한 자원봉사자의 활동수칙 장애인을 위한 자원봉사자의 활동수칙은 다음과 같다(김승국, 1997:18-19).

① 사전에 준비 사항을 봉사활동 기관이나 단체에 문의하여 준비한다.

② 약속 시간을 지킨다.

③ 장애인을 대할 때 개인차를 존중하고 친절한 태도로 대한다.

④ 장애인이 실패 경험을 갖지 않게 하고, 성공 경험을 갖게 함으로써, 성취감과 인정감을 경험하게 된다.

⑤ 봉사활동을 할 때 항상 성실한 태도로 열심히 한다.

장애인을 위한 자원봉사활동의 유의사항 장애인을 위한 자원봉사활동에 임할 때 다음 사항을 항상 염두에 두는 것이 중요하다(개호복지사교재편집위원회 편, 1996:2-8, 류기형, 2004:440-443 재인용).

첫째, 장애인에게는 심신의 장애로 인해 생기는 어려움 이외에도 생활장애나 개호자와의 관계에서 어려움이 있을 수 있다. 장애인을 개호하는 측에서 보면 그 부담은 육체적·정신적으로 상당히 큰 것은 사실이다. 그러나 자원봉사자로서 개호하는 측은 가령 그 부담이 크더라도 도움을 받는 사람의 입장에 서서 여러 가지 상황들을 배려할 필요가 있다.

① 설비·환경이 개개 장애인의 장애 상태에 충분히 맞지 않는 것이 현실적인 큰 문제이다. 예컨대, 침대 높이나 푹신함, 방의 구조나 가구, 목욕탕, 화장실의 구조 등 현실의 시설환경에서는 해결 곤란한 문제가 산적

해 있다.

② 도움을 받는 사람의 프라이버시 문제가 있다. 의류나 문서, 사진 등의 소지품은 만족할 만한 상태로 보관되고 있는가, 독방이나 적어도 커튼으로 개인적 공간은 지켜지고 있는가, 슬플 때 혼자 있을 수 있는 장소는 있는가, 화장실이나 목욕탕에서 다른 사람 앞에 드러내지 않고 신체부위를 노출하여 케어를 받는 고통을 자원봉사자는 의식하고 있는가 등이다.

③ 봉사자와의 인간관계 문제이다. 봉사자와 피봉사자의 관계는 불가피하게 관리자와 피관리자의 관계로 되기 쉽다. 예컨대, 봉사자의 측면에서 보면 식사보조를 단시간 내어 끝내고 싶지만 본인은 시간이 더 많이 걸리고, 엎지르는 일이 있더라도 자기 손으로 먹기를 원하는 경우가 있다. 빈번한 배설이나 돌려 눕히기 등과 관련한 도움에 있어서도 봉사자·피봉사자 쌍방의 기대는 일치되기가 어렵고 육체적·정신적 부담이 쌍방 모두에게 증대하는 경우가 많은 것도 현실이다.

따라서 장애인을 돕는 자원봉사자는 장애인이 처한 상황을 공감하고 이해해 주어야 하고, 전문지식과 기술을 습득해야 한다. 또한 업무의 합리화를 도모해야 한다. 이것은 시간과 노력을 절약하는 것이 아니라 케어를 순서대로 올바르게 행하고, 이용 가능한 기구를 최대한 활용함으로써 성취할 수 있다. 그리고 장애인이 신체동작들을 자립적으로 할 수 있도록 유도해야 한다. 그러기 위해서는 대상자가 가진 장애의 특성과 올바른 동작방법을 알고 있을 필요가 있다.

둘째, 도움을 받는 장애인과 공감대를 형성할 필요가 있다. 장애인도 정상인과 똑같이 생활의 즐거움이나 인생의 의의, 경제적 풍요함을 갈구하고 있다는 것을 권리적인 측면에서 이해해야 한다. 자기 생활의 질적 향상을 원하는 것은 정상인에게만 한정되지 않는다는 것을 충분히 이해해야 한다. 장애인이나 가족이 자신들의 장애를 심리적으로 수용하는 과정은 결코 평탄하지 않았을 것이다. 장애인이 과거에 극복해 온 좌절감이나 절망감·상실감으로 거듭 고통 받지 않도록 배려할 필요가 있다. 중요한 것은 함께 고통과 즐거움을 나누고 공감할 수 있는 마음일지도 모른다.

이렇게 생각한다면 장애인을 돕는다는 것은 단순히 필요한 최저한의 동작을 대행하는 것이 아니라 장애를 가진 사람의 마음과 공감할 수 있는 자세로 장애인 생활의 자립을 높이고, 인간다운 사회생활도 즐길 수 있는 방향을 고려하는 것이 바람직하다.

셋째, 도움을 받는 장애인의 가옥과 가구, 의자·보장구·휠체어·일상생활용구 등의 정비에 신경을 써야 한다. 가옥이나 가구는 주된 사용자가 장애인인 경우에는 개조·교환할 필요가 있다. 또한 절단자를 위한 의자, 마비자를 위한 보장구, 보행장애인을 위한 휠체어는 물론 장애상황에 적합한 욕조, 변기, 침구, 워드프로세서, 시각·청각장애인용의 일상생활기구, 화재경보기나 전화기, 팩스 등 나아가서는 환경제어장치나 리프트, 호이스트, 단차승강기 등이 필요한 경우도 있다.

그러므로 장애인을 돕는 자원봉사활동을 할 때 반드시 고려해야 할 물리적인 측면은 다음과 같다.

① 장애의 상황을 고려해야 한다. 가옥의 구조도, 보장구나 일상생활용구도 장애의 상태에 적합한 것이 아니라면 사용 의미가 없다.

② 동거하는 가족과의 공동 이용도 배려해야 한다. 휠체어 이용자를 중

심으로 개조된 가옥은 보행 가능자에게는 이용하기 어려운 수가 있다.

③ 케어가 필요한 경우에 케어의 용이함을 검토할 필요가 있다. 봉사자가 하반신(다리와 허리)이 상할 정도라면 좋지 않다.

④ 케이를 할 때 사회자원을 충분히 활용하도록 해야 한다.

넷째, 사회생활에 있어서의 자립을 확대할 수 있도록 원조의 방향을 정해야 한다. 장애인의 사회활동 참가가 보다 활발하게 되는 것은 바람직하지만 이를 위해서는 먼저 교통수단을 확보해야 할 필요가 있다. 휠체어, 자가용, 자치체가 지원하는 택시나 자원봉사집단이 지원하는 수송수단 등의 활용방법을 알아 두면 유리하다.

중증장애인도 최근에는 해외여행에 참가할 수 있는 기회가 전혀 없지는 않다. 그러나 개인적인 여행은 국내에서도 용이하지 않은 형편이므로 오히려 장애인단체에 참가하는 것이 장애인의 여행을 실현하는 지름길일지도 모른다. 여행에 한하지 않고 교우의 폭을 넓힌다든지 사회적 활동에 참가하기 위해서도 많은 정보를 얻는 것이 중요하다.

❖ 참 고 문 헌 ❖

김승국, "장애인을 위한 자원봉사" 한국사회복지협의회, 자원봉사 프로그램 백과⑤장애인, 1997.

졸 저, 아동복지론, 배영출판사, 2005.

류기형 외, 자원봉사론, 양서원, 2004.

李泰榮, 社會福祉와 特殊敎育, 大邱大學校出版部, 1984.

全宰一 外, 社會福祉論, 螢雪出版社, 1998.

제 11 장

지역사회에서의 자원봉사활동

Ⅰ. 자원봉사의 영역으로서의 지역사회

Ⅱ. 지역사회에서의 자원봉사의 의의

Ⅲ. 지역사회에서의 자원봉사의 내용

사회복지에서는 개인, 가족 및 집단에 대하여 관심을 가지고 있지만 또한 지역사회에도 관심을 두고 있다. 지역사회와의 사회사업이란 사회복지사가 지역사회를 돕는 방법으로서 일반적으로 지역사회사업(community work)이라 한다.

지역사회사업은 지역사회 주민이 직면하고 있는 문제와 욕구를 그 지역사회 자체가 조직적으로 해결해 나갈 수 있도록 일정한 과정을 통해서 지역사회사업가가 가진 지식과 자원을 활용하여 돕는 기술을 말한다(全宰一 外, 1998:105-108).

Ⅰ. 자원봉사의 영역으로서의 지역사회

사회학자는 맥키버(R. M. MacIver)는 사회집단의 유형으로서 커뮤니티(community)와 어소이시에이션(association)의 대조적인 개념을 제시하였다. 그에 따르면 커뮤니티란 인간의 공동생활이 행하여지는 일정한 구역을 의미하고, 어소시에이션은 커뮤니티 내에 존재하는 조직이라고 말하고 있다. 커뮤니티의 특징을 간추려보면 다음과 같다.

① 일정한 지역을 바탕으로 한 자연발생적 집단이다.

② 그 속에서 생활의 공동과 어느 정도의 자급자족이 이루어진다.

③ 그 결과 주민들이 생활전반에 관한 관심을 공유함으로써 공동체의

식이 생긴다.

④ 공동의 문화와 사회체계(social system)가 형성되어 스스로 다른 지역과 구별되는 사회적 특징을 나타낸다는 점 등을 들 수 있겠다.

맥키버는 커뮤니티를 형성하는 기반이 되는 요소로서 지역성(locality)과 공동체의식(community sentiment)을 지적하고 있으며, 커뮤니티에 속하는 집단으로서 촌락, 도시, 민족 등을 들고 있다(鄭喆洙 外, 1992:192).

현대사회는 산업화, 도시화가 진행되어 전통적인 지역사회가 해체되고, 교통·통신의 발달로 사람들의 행동범위가 넓어져 생활이 가족중심, 개인중심으로 전개되는 경향이 있다. 이러한 상황은 인간의 개인화를 조장하고, 인간접촉을 형식화하여 지역사회에 대한 공동체적인 정서를 점차 소멸, R. A. Nisbet가 지적한 대로 사회는 분해, 쇠퇴, 불안정상태로 돌입하고 있다. 인간행동의 개인화, 인간관계의 형식화 등의 현상은 인간에게 커뮤니티는 무용한 것으로 여기게 만든다(金泳浩, 1996:47-52).

산업화·도시화·핵가족화라는 갑작스런 사회변동을 거치면서 우리는 많은 것을 얻었지만 또한 많은 것을 잃었다. 남을 돕고 이웃을 소중히 했던 농경사회의 따스했던 정(情)과 서로를 도와주었던 '두레' 정신은 사라지고, 이제 이웃 아파트의 외로운 노인의 죽음이 몇 주가 넘게 방치되는 처참하리만큼 황폐화된 '닫힌 사회'에서 살고 있다.

닫힌 도시공간과 황폐화된 공동체의 삶에 열린 희망을 부여하기 위해서는 무엇이 필요한가? 한 방울의 헌혈, 장애인을 향한 따스한 말 한마디, 무의탁 노인을 위한 한 푼의 성금, 이런 작은 정성과 봉사들이 이 사회를 밝고 환하게 열어 가는 시작이 되는 것이다.

이제 국가의 가부장적 기능은 줄어들고 시민이 공동체를 이끄는 원동력으로 작용하는 시민사회로 바뀌고 있다. 시민 스스로가 지역사회와 공동체 문제를 함께 풀어가는 주민 자치의 시대로 접어들었다. 지방자치가 실시됨에 따라 지역사회 구성원은 지역복지를 실현하는데 있어서 기존의 접근방식을 탈피하고 새로운 접근방식을 선택해야만 하는데, 이 변화된 접근방식이 바로 지역사회 구성원의 자원봉사활동이라 말할 수 있다(김범수 외, 2003:289).

Ⅱ. 지역사회에서의 자원봉사의 의의

1. 지역사회에서의 자원봉사의 필요성

오늘날 이웃 간의 단절된 생활은 지역사회의 약화를 초래하고 이것은 가정에 피해를 주게 된다. 최근 지역공동체 개념의 도입과 동시에 지역사회에 대한 관심이 높아지면서 자원봉사자들은 이웃돕기운동, 환경오염방지운동 등을 수행하고 있다. 즉, 자원봉사자들은 이웃의 문제에 관심을 가지고 문제에 대하여 적절한 도움을 줄 수 있도록 방법을 알아보고 연결시켜 주어야 한다.

위기발생 시 주민들과 연대하여 행하는 자원봉사활동은 현대사회에서 매우 의미 있는 일이며, 지역사회를 더욱 발전시키기 위한 자원봉사활동 영역은 매우 많을 것으로 보인다. 즉, 지역사회를 위한 자원봉사활동은 지역사회의 욕구에 따라 더 다양하게 전개하여야 할 것이고, 자원봉사자의 역할은 매우 중요해질 것이다. 그러므로 이웃에 대한 관심을 가지고 다양한 활동들을 수행하여 나가야 할 것이다. 더욱이 천재지변이나 가스폭발, 건물 붕괴 등의 각종 재난 발생 시 그 상황을 수습할 수 있는 시민들의 신속하고 체계적인 자원봉사활동은 최근 들어 더욱 중요시되고 있다(류기형, 2004:493).

자원봉사활동은 원칙적으로 가까운 지역사회에서부터 정착되어야 한다. 왜냐하면 자원봉사활동은 자신이 생활하는 지역에서 활동할 수 있을 때 오가는 소요시간을 아낄 수 있고, 지역주민과 자주 대하는 시간을 가짐으로써 가장 효과적이며 '더불어 사는 공동체' 만들기에 공헌할 수 있기 때문이다. 실제로 지역사회 문제해결을 위한 상당 부분의 몫이 시청이나 구청 등의 지방자치단체뿐만 아니라 주민의 자치능력에 분담되고 있다. 주민이 자치적으로 지역문제를 해결하고, 안전하고 쾌적한 생활공동체를 만들 수 있는지가 지방자치의 주요 과제가 되고 있다. 많은 지방자치단체들이 앞 다투어 주민의 자원봉사활동을 활성화시키고자 하는 것은 지방자치의 원칙에도 부합되기 때문이다(주성수, 1999:126).

자원봉사자는 봉사활동을 하는 동안 지역사회의 일원으로서 지역사회를 돕고 경험을 통해 지역사회 공동체의 소속감을 새롭게 인식하고 이웃과 더불어 사는 의미를 몸소 체험하게 된다. 나아가 봉사활동을 통해 활동범위를 확대시켜 나감으로써 다양한 경험을 하게 되며 보다 건전하고 성숙한 문화를 형성할 수 있게 된다(김범수 외, 2003:291).

요컨대, 자원봉사활동은 지역사회의 문제를 제기하고 이러한 문제를 해결하기 위한 노력에 동참하여 복지사회를 구현하는 등 중요한 의미를 갖게 된다.

2. 지역사회에서의 자원봉사의 목표

지역사회에서의 자원봉사활동의 목표는 다음과 같다(김범수, 2003:292).

① 환경보전적 지역사회 만들기
② 생활이 편리하고 친절한 지역사회 만들기
③ 건강하고 안전한 지역사회 만들기
④ 교육 및 문화 환경이 쾌적한 지역사회 만들기
⑤ 지역공동체 재생적 지역사회 만들기

Ⅲ. 지역사회에서의 자원봉사의 내용

앞서 제6장 자원봉사활동의 영역에서 살펴 본대로 사회복지, 보건·의료, 환경, 교통, 교육, 문화·예술, 스포츠·레크레이션의 영역들 모두가 지역사회에서 이루어 질 수 있는 자원봉사의 활동영역이라 할 수 있다.

앞에서 살펴본 영역을 제외한 지역사회에서의 자원봉사의 내용을 교정과 치안, 구조와 구호, 정치·경제·행정에서 그리고 공원·문화재·경기장 등 공공시설 등에 한정하여 지역사회에서의 자원봉사의 내용을 살펴본다

(한국사회복지협의회, 1997:57-62).

1. 교정·구호·정치·경제·행정 분야

범죄 없는 안전한 공동체, 사고로부터 인명과 재산을 보호하는 구조 및 구호 활동, 그리고 각종 선거활동 및 각종 행정 업무에서 또한 소비자 권익을 지키기 위한 자원봉사 활동이 이루어질 수 있다.

교정/치안 안심하고 밤거리도 다닐 수 있는 지역사회를 만들기 위한 활동이 먼저 요청되고 있다. 전국에서 '범죄 없는 마을'로 선정된 지역들은 거의가 지역주민 자원봉사자의 정기적인 예방활동으로 얻은 결실이라고 한다. 특히 유흥가 등 우범지역으로 둘러쌓인 도심 지역에서는 경찰뿐 아니라 지역주민도 시민경찰로 나서 청소년의 탈선과 범죄발생을 예방하는 봉사활동을 할 수 있다.

또한 교도소나 소년원에서 복역하는 청소년에게 다시 한번 사회 참여의 기회를 주어 정상적인 사회인이 되도록 돌보는 봉사활동도 필요하다. 한 번 범죄에 빠지면 다시 재범에 가담하게 되는 것도 이들을 바로 선도해 주는 사람이 턱없이 부족하기 때문이다. 나의 자식, 형제처럼 사랑의 손길로 돌볼 수 있다면 많은 전과자가 정상적인 사회인으로 복귀할 수 있을 것이다. 이들의 교육, 취업지도를 담당하고 자매결연을 통해 보다 가까이서 살펴줄 수도 있다.

구조/구호 1995년 6월 삼풍백화점이 붕괴되는 대형사고가 발생했을 때, 인명을 구조하기 위해 현장에 달려간 많은 자원봉사자들이 있었다. 직접 구조 장비와 연장을 들고 현장에서 활동한 사람들도 있었고, 상황의 긴급함을 알리는 무선사 자원봉사자들, 구호물자를 준비하는 기업과 일반인 자원봉사자도 많았다.

구호봉사활동은 ① 사고로 인한 긴급재해 뿐 아니라 풍수해, 화재 및 기타 재해에 의한 이재민과 사망자 유족을 돌보기 위한 활동과 관련되는 재해구호 ② 세대주가 실직, 폐질, 심신장애 등으로 근로능력을 상실하여 가족의 생계에 어려움을 겪고 있는 세대에게 양곡, 부식 등을 지원하여 위기상황을 극복하도록 도와주는 일반구호 ③ 외국으로부터 송환되거나 입국한 난민, 국내에 체류하는 외국인으로 구호를 요하는 사람, 무료운구 대상이 되는 저소득층 사망자, 평상시 행하지 않은 구호대상과 정부로부터 요청이 있는 대상자를 위한 특수구호 등 세 가지가 있다.

재해구호 봉사활동으로는 재해대비를 위해 구호물자를 확보하고, 구호요원을 동원하여 지휘체계를 확립하고, 구호장비의 확보 및 정비하는 일, 기증품의 접수 및 처리 등이 있고, 긴급재해 발생 시에는 이재민에게 구호물자를 전달하는 등 이재민긴급구호활동이 있고 재해사망자를 위한 장의부조활동, 재해복구를 위한 복구지원활동 등 많은 일이 자원봉사자의 손과 발로써 지원될 수 있다.

일반구호 봉사활동으로는 식량, 침구, 의류, 부식 등의 생계구호 및 생계대책지원금 지급, 무의탁 노인, 행려자(부랑인) 및 결손가정 아동들을 위한 무료급식소 운영, 행려자에 대한 여비지원 및 숙식 마련, 불의의 사고로 의료비 부담 능력이 없는 저소득층에 대한 의료구호 활동 등이 자원봉사자가 할 수 있는 일거리들이다.

특수구호 봉사활동으로는 무국적 난민을 위한 취업알선, 의료구호 등. 저소득층 가정이나 사회복지시설에서 생활하는 사람들의 장례를 지원하는 영구차 운영. 각종 재난으로 이재민 발생, 인명구조에 신속하고 효율적으로 대처하기 위한 아마추어 무선국 운영 등의 일들이 있다.

선거/정치　선진 사회에서 선거는 마치 자원봉사자의 축제처럼 질서정연하게 치뤄지고 있다. 정당이나 후보를 지지하는 순수 자원봉사자의 역할이 크기 때문에 자연 '돈 안 드는 깨끗한 선거'를 하고 있는 것이다. 그러나 우리 사회의 실정에서는 정당이나 후보를 지원하는 활동을 자원봉사 활동으로 보기는 어렵다. 정치성을 띠고 있기 때문이다.

선거 자원봉사자는 선거관리위원회와 같은 선거 주무 기관의 행정업무, 전산업무, 후보감시, 고발 접수, 선거벽보 부착 및 제거 등 많은 활동을 할 수 있다. 또한 시민단체가 지향하는 민주선거 정착 운동에 동참할 수 있다. 정당이나 후보를 감시하는 활동, 후보 경력 조회, 언론모니터, 공명선거 캠페인 등 다양한 활동 모두가 자원봉사로 해결될 수 있다.

정치 자원봉사자는 선거로 당선된 정치인의 활동을 모니터하거나, 정당활동을 모니터하는 일, 시의회나 구의회에 대한 의정감시 활동을 할 수 있다. 그밖에 소외층의 권익을 보호하기 위한 민원제출, 공청회 개최, 집단시위 등 정치관련 활동은 시민단체 등에 참여를 통해 할 수 있다.

경제/소비자　경제활동 영역 또한 대단히 광범위하다. 먼저 노동과 고용 영역만해도 노동자의 권익보호, 취업 및 전업지원, 상담소 활동 등이 있다. 여성, 장애인, 고령자 등 소외층의 고용문제나 생계문제 해결에도 자원봉사자의 일거리가 있다. 무주택자의 주택문제 해결 등도 경제봉사 활동이다. 소비자 문제도 심각하다. 자원봉사자는 소비자단체의 회원으로 유통기한이 지난 상품 등 불량식품에 대한 조사, 바가지 상품가격, 외국산 상품 등에 대해서도 조사와 감시활동을 할 수 있고, 특정 상품에 대한 불매운동 혹은 특정 업체에 대한 불이용 운동에 참여하는 것도 작은 자원봉사가 될 수 있다. 농어촌에 가서도 의료, 교육, 기술봉사 활동 등 많은 활동을 할 수 있으며, 우리 농산물 사기운동에 참여하는 것도 자원봉사이다.

행정/모니터 일손이 크게 달리는 구청이나 동사무소 등 공공기관의 행정 업무 중 일부분이 자원봉사자의 힘으로 적지 않은 도움을 받을 수 있다. 특히 본격화된 지방자치는 지역주민의 참여로 행정지원도 받고 동시에 행정 감시도 받는 일들이 절대적으로 필요로 한다. 언론에 대한 감시활동으로 많은 시민단체들이 언론모니터 자원봉사자를 널리 활용하고 있다. 언론의 공정보도를 감시하고, 음란, 폭력 등 청소년 유해환경 조성에 대한 감시활동도 활발히 진행되고 있다. 인력난과 재정난의 이중고를 겪고 있는 많은 사회복지기관이나 시설, 시민 단체 또한 자원봉사자의 행정 및 업무 지원에 의존 할 수밖에 없는 지경에 있다. 이들이 어떤 일을 하려 해도 일손이 부족하거나 재정이 없어 포기하는 경우가 허다하다. 지역주민들이 작은 다수의 힘을 모아 민간단체 운동을 지원하여 지역문제를 극복할 수 있을 때 지방자치가 활짝 꽃 피울 수 있을 것이다.

2. 공공시설 : 공원, 문화재, 경기장

지역사회에는 많은 사람들이 이용하는 공공시설과 장소가 지저분하거나 관리가 잘 되지 않아 훼손되거나 파손 상태에 있는 것을 쉽게 발견할 수 있다. 구청이나 동사무소 등에서 관리 책임을 맡고 있지만 일차적으로 이용하는 사람들의 관심과 정성이 절대 필요하며, 자원봉사자는 시민의식을 개혁하는 차원에서 청소와 관리를 맡아 활동하거나 캠페인을 전개할 수 있다. 또한 자원봉사자가 공공장소에서 솔선수범하는 활동을 하면, 이용객들도 호의적인 태도로 협조하게 될 것이다.

공 원 공원에서는 먼저 시설물이 파손되거나 훼손되지 않았는지를 조사하고 상태를 기록하며 관리하는 활동을 할 수 있다. 또한 공원 내 나무와 꽃 관리, 새집 만들기, 잡초제거, 쓰레기청소 등의 활동은 자원봉사자가 가볍게 잘 할 수 있는 활동이다. 특히 공원 내 청소년 유해환경 실태, 노인, 장애인을 위한 휴식처 등에 관한 조사와 건의 활동을 전개할 수도 있다. 산과 강변에 위치한 공원지역에서는 환경훼손을 감시하는 환경보호와 감시활동이 우선적으로 필요하다.

문화재 지역사회에 어떤 문화재가 있는지, 먼저 구청 등지에서 상황을 알아본 다음, 직접 조사활동과 청소 및 관리 활동을 할 수 있다. 특히 지역 전문인사의 도움말을 듣고 문화재 관리의 소중함을 알고 활동하는 것이 바람직하다. 파손되거나 훼손된 문화재 상태를 사진으로 찍어 두어 문화재관리국에 시정을 건의하는 활동도 필요하다.

아울러 우리 지역 문화재를 널리 알리고, 찾아오는 방문객들의 편의를 도모하는 각종 봉사활동을 할 수 있다.

경기장 많은 사람들이 이용하는 체육경기장 또한 시설훼손, 쓰레기 문제 등으로 자원봉사자의 일거리가 적지 않다. 경기장 주변 질서유지, 노약자 및 외국인 안내, 길바닥 껌 떼기, 암표사지 않지, 술 가져가지 않기 등 캠페인 활동도 필요하다.

기타 그밖에도 지하철역사의 질서유지, 시설보호에도 자원봉사자의 일손이 필요하다. 동네 공터, 아파트단지 내에서도 시설물보호와 수목보호 등 다양한 봉사활동 일거리가 있다.

3. 지역사회에서의 자원봉사 프로그램

지역사회에서의 자원봉사프로그램은 <표-1>과 같다(한국사회복지협의회, 1997:17).

<표-1> 지역사회에서의 자원봉사프로그램

목 표	체 계	서 비 스	프 로 그 램
주민편의	불편해소	정보제공	주민토론회/ 후보자초청 정책토론회/후보자모니터링
	편익증진	정보공동체 구축	소비자문제 상담실/ 열린정보센터/ 지역신문 만들기
		시설관리 및 구축	소비자협동조합/ 이웃사랑 중개실/ 청소년 쉼터/ 학교폭력 예방센터/ 시민안전 고발센터
사회안전	안전지도	현장활동	안전한 통학로 만들기
		감시활동	생활안전 모니터링/ 건축물 안전진단/ 주택안전 자가진단/ 어린이안전 모니터링
		캠페인활동	시민안전 캠페인
		사전지도	어린이 재해예방교육
	방범활동	순찰	가정순찰대
		교정활동	비행청소년 선도
공공지원	공공기관지원	현장활동	수해복구 지원/ 재해현장 지원/ 재활용알뜰시장/ 농촌봉사활동/ 골목길놀이터 만들기
		시민참여	일일 자원공무원/ 지방행정 감시/ 시민참여조직
	민간단체지원	현장활동	주민 독서운동/ 청소년 지역봉사활동/ 청소년의 바른성장 지원/ 학업중퇴자 지원
		지역복지	주민건강 증진/ 노인학교와 경로잔치/ 장애인 친교실과 수화교실/ 주민자활 지원/ 사회복지시설 방문
		지역문화	가족운동회 및 주민잔치
		감시활동	청소년 유해환경 추방운동/ 번역만화 모니터링/ 학교주변 불량출판물 추방운동
		조사연구활동	의정활동 평가

❖ 참 고 문 헌 ❖

김범수 외, 자원봉사의 이해, 학지사, 2003.

金泳浩, 自願福祉理論과 實際, 弘益齊, 1996.

______, "지역사회 자원봉사" 한국사회복지협의회, 자원봉사 프로그램백과⑦ 지역사회, 1997.

류기형 외, 자원봉사론, 양서원, 2004.

全宰一 外, 社會福祉論, 螢雪出版社, 1998.

주성수, "사회문제와 사회봉사" 한양대학교 사회봉사단, 대학의 사회봉사, 한양대학교출판부,1999

鄭喆洙·韓南濟·朴宗佑, 社會學概論, 法文社, 1992.

한국사회복지협의회, 자원봉사 프로그램 백과①백과총론, 1997.

________________, 자원봉사 프로그램 백과⑦지역사회, 1997.

제 12 장

자원봉사의 과제와 전망

Ⅰ. 자원봉사의 활성화를 위한 과제

Ⅱ. 자원봉사의 전망

자원봉사활동에 대한 관심과 참여가 최근 들어 확산된 것은 사실이나 그에 비해 문제점도 없지 않다. 학생·기업·사회단체 등이 앞다투어 자원봉사에 나서고 있으나 그 속사정을 살펴보면 개선되어야 할 부분이 눈에 보인다. 교육적인 차원에서 실시되는 학생자원봉사활동을 예로 들면 목적은 좋으나 방법상의 문제가 있어 오히려 비교육적이라는 지적도 있다. 일부 자원봉사 수요자나 시설에서는 자원봉사자를 거부하는 경향도 있다.

Ⅰ. 자원봉사의 활성화를 위한 과제

자원봉사의 활성화를 위한 과제로서 자원봉사 활성화를 위한 제도적 기반구축 및 운영의 충실, 자원봉사활동 참여인구의 확대, 자원봉사교육의 내실, 자원봉사활동의 토착화에 대하여 살펴보고자 한다.

1. 제도적 기반구축 및 운영의 충실

시민들의 자원봉사활동이 활성화되기 위하여 자원봉사의 제도적 기반의 구축이 요구된다. 제도적 기반으로 자원봉사활동 관련법령의 정비와 자원봉사관련 부처간의 협의를 통한 협력적 추진 등을 지적할 수 있다.

10여년간 우여곡절 끝에 다행히 자원봉사활동기본법이 제정되었다. 1994년 10월, 정기국회에서 여·야 각각 독자적으로 자원봉사법안을 제출, 상정하였다. 몇 가지 문제로 의견수렴이 되지 않던 중 14대 국회폐회로 법안이 자동폐기되었다. 2003년 11월 '자원봉사진흥법안'이 의원발의 되어 2004년 2월 행정자치위원회 법안심사소위원회를 통과하였으나 후속회의가 열리지 못한 채 임시국회가 폐회되었다. 2004년 11월 행정자치부에서는 자원봉사활동기본법안을 국무회의에 상정, 의결하였다. 이 정부안은 야당이 제출한 법안과 함께 행정자치위원회에 회부되어 행정자치위원회 전체회의 통과(2005.6.23.), 법제사법위원회 전체회의 통과(2005.6.29.) 후 2005년 6월 30일 국회 본회의에서 통과되었다. 국회에서 결의한 자원봉사활동기본법은 2005년 8월 4일 법률 제7669호로 공포되었다. 이 법은 공포일로부터 6월이 경과한 2006년 2월 5일부터 시행되게 되었다.

자원봉사육성기관의 집단이기적 성향의 자원봉사육성책은 재고될 필요가 있다(김영호, 2003:317)고 지적되기도 한 바, 자원봉사 관련부처에서는 자원봉사활동의 활성화를 위하여 다른 부처와 협의를 통한 협력적 추진이 요구되는 것이다. 물론 자원봉사활동기본법에 의거, 자원봉사진흥위원회나 한국자원봉사협의회에서 이러한 기능에 충실할 것으로 이해된다.

2. 자원봉사활동 참여인구의 확대

우리나라의 20세 이상 성인인구의 79.7%가 자원봉사에 관하여 관심을 갖고 있으나 실제 자원봉사활동의 참여인구는 16.3%에 불과한 것으로 한국갤럽조사결과 밝혀졌다(교육부 등 4개부처, 2004:2). 대학생을 대상으로 한 조사연구에서는 자원봉사활동을 하지 않는 사람 중에서 자원봉사에 관심이 있는 사람이 93% 정도였으며 이들이 자원봉사를 못하는 이유 중 기회가 없거나 잘 몰라서 못한다는 비율이 높게 나타났다(韓國大學社會奉仕協議會, 1997:82).

앞서 살펴 본 바와 같이 우리나라의 자원봉사활동의 참여율은 다른 나라들과 비교해 보면 다소 저조한 편이다. 참여의지와 실제 참여의 괴리현상을 좁히려면 자원봉사에 대한 사회적 인식제고와 홍보강화가 요구된다. 우리나라의 자원봉사활동은 그 역사가 일천하고 사회적·제도적 기반도 취약하여 자원봉사에 대한 기본이념에 대한 이해와 그 필요성에 대한 확고한 신념이 부족하다. 그런가 하면 일시적·충동적으로 자원봉사활동에 참여하였다가 쉽게 싫증을 내고 중도에 포기하는 경향이 높은 것도 사실이다.

자원봉사는 원래 어떤 인센티브를 목적으로 하는 활동은 아니다. 그러나 자원봉사경력자에게 적절한 인센티브를 제공하면 자원봉사 활성화에 도움이 될 것이다. 예컨대 학생의 경우 졸업 후 취업에 유리하도록 자원봉사활동경력을 학적부에 등재하여 이를 확인해 주거나 포상하는 방법 등을 생각할 수 있다. 자원봉사활동에 적극적으로 참여한 기업이나 단체에 대한 인센티브 부여방안도 검토해 볼 일이다.

한편, 자원봉사가 지나치게 활성화되는 것에 대한 우려의 시각도 없지 않다. 국가의 책임을 민간에 전가하기 위하여 자원봉사를 국가 서비스의 대안으로 활용할 경우 잘못하면 국가 공무원이나 유급 전문가들이 담당했던 일을 민간 자원봉사에 떠맡기어 민간 부문에 대한 국가 지원의 축소와 자원봉사 인프라구조 지원의 예산도 감축될 수 있으리라는 관점이다(원요한, 2001:335). 사회복지를 위한 재원을 축소하기 위하여 유급의 사회복지사가 담당해야 할 일을 자원봉사자에게 맡기게 된다면 그것은 사회복지가 나아가야 할 방향을 왜곡시킬 가능성이 있게 된다. 사회복지사가 전문적으로 해야 할 일과 자원봉사자가 할 일은 명확히 구분할 필요가 있으며 일반적으로 전문적이고 집중적인 서비스가 요구되는 대상자는 전문적인 사회복지사가 담당하는 것이 바람직하다(조휘일, 2002:332).

3. 자원봉사교육의 내실

자원봉사의 활성화를 위한 과제로 자원봉사교육의 내실을 들 수 있다. 자원봉사교육은 자원봉사활동을 효과적으로 수행하기 위하여 필요한 교육이다. 자원봉사는 이타적인 감정만으로 원하는 일을 다 할 수 있는 것은 아니다. 자원봉사활동은 자원봉사자와 자원봉사 수요자가 자원봉사활동 조정자를 통해 적절한 만남을 통해 효과적으로 이루어 질 수 있다. 봉사를 제공하는 자원봉사자는 원조가 필요한 사람이나 기관에 대하여 미리 어느 정도의 이해가 있어야 하고 자원봉사활동을 위해 준비되어야 할 사항이 있다. 효과적인 자원봉사활동을 위해서는 반드시 예비적인 교육과 준비가 요구된다.

자원봉사교육이란 자원봉사활동을 효과적으로 수행하기 위하여 요청되는 기본사항을 가르치거나 배우는 것을 말한다. 자원봉사교육에 포함되어야 할 최소한의 내용에는 ① 자원봉사의 개념 ② 자원봉사의 철학과 이념 ③ 자원봉사활동 배경 ④ 외국의 자원봉사활동 사례 ⑤ 자원봉사활동 분야 ⑥ 자원봉사의 활동원칙 ⑦ 현대사회의 특성과 사회문제 ⑧ 지역사회의 특성과 사회복지시설 및 기관 ⑨ 사회복지제도 ⑩ 자원봉사활동평가 등이 있을 수 있다.

사실 자원봉사교육은 보다 넓게는 복지교육의 한 영역으로 파악할 수 있다. 이미 선진국에서는 국민을 대상으로 한 복지교육이 체계적으로 자리를 잡아가고 있는 실정이다. 일반적으로 복지교육이란 일반 시민을 대상으로 사회복지에 대한 이해를 높이고, 실천적인 경험을 통하여 각 개인이 주체적인 인간으로서 인간다운 생활을 영위할 수 있도록 개인의 인격 성숙은 물론 사회구성원으로서 서로 협력할 수 있는 역량을 배양하는 것을 목적으로 시도되는 교육활동인 것이다(현외성, 1996:85-86, 金泳鎬, 1996: 121-127).

자원봉사교육은 주로 자원봉사 관련기관과 학교에서 이루어진다. 물론 가정도 자원봉사교육의 장이 된다(金泳鎬, 1984:87-91). 학생봉사활동은 학교의 의도적인 계획 하에 자발적 또는 비자발적으로 다른 사람과 사회를 위하여 일하는 봉사를 체험하는 활동으로서 일련의 교육과정으로 운영되며 활동결과는 평가과정을 거쳐 활동내용이 기록, 평가된다는 면에서 순수한 자원봉사와는 부분적으로 다른 개념이라 할 수 있다. 학생을 대상으로 한 자원봉사교육은 지역사회의 봉사활동을 배움의 일부로 보고 자원봉사를 학생들의 임의활동에 맡기는 것이 아니라 학교가 체계적으로 개입하는 것이어서 봉사학습이라고도 한다(교육부, 2000:4).

많은 자원봉사관련기관에서는 일반성인을 대상으로 자원봉사교육을 사회교육의 차원에서 실시하고 있다. 특히 한국사회복지협의회(1984:5)에서는 1978년부터 자원봉사 인력개발사업을 실시하여 시민의 자발적인 사회참여와 복지활동을 조성하고, 자원봉사활동을 통하여 보람과 기쁨을 가질 수 있도록 하며 나아가 사회복지의 발전에 기여하고 있다.

요컨대, 자원봉사관련기관과 학교 등에서 실시되는 자원봉사교육이 더욱 내실화되어 자원봉사활동의 참여인구 증대에 기여하였으면 한다.

4. 자원봉사활동의 토착화

한국에 있어서 자원봉사활동의 발전에 동참한 개인과 집단은 초기에는 자선적 의미의 자원봉사활동에 참여했다 하더라도 이제는 단순한 자선적 봉사의 차원을 넘어설 수 있도록 인식과 능력이 발전적으로 변화되어야 할 것이다. 우리나라의 자원봉사활동이 앞으로는 그야말로 가치창조적이고 복지적 삶의 일환으로 승화되어야 하겠다. 곧, 복지사회 구현과 공동의 복지실현을 위한 인간의 본질적이고 가치창조적인 삶과 더불어 사회적 책임을 다하는 미래지향적이고 협동적인 삶으로 발전될 수 있어야 한다. 자원봉사 관련기관은 자원봉사 실천과정에서 먼저 우리나라의 사회적, 문화적인 배경과 한국인의 사회적 성격을 고려하여 프로그램을 마련하고 전개시켜야 할 것인 바, 이는 필수적 과제인 것이다(김영호, 2003:318).

미래의 어떤 문제에 대응해 나가기 위해서는 계속적으로 전문적 지식과 기술 및 이론을 발전시켜야 할 것이다. 그러나 우리나라는 대체로 지금까지 선진 구미제국의 전문적 지식과 기술 및 이론을 그대로 도입, 적용하여 우리의 현실에서 큰 효과를 기대하기는 어려웠던 것도 사실이다.

이는 우리 사회가 이론을 개발한 선진제국과는 사회구조와 문화 등 사회적 여건이 다를 뿐 만 아니라 사회변화도 차이가 있기 때문인 것이다. 따라서 우리와 사회적 여건이 다른 나라에서 개발된 사회복지 등의 이론과 기술을 별다른 비판없이 그대로 적용하기에는 많은 문제가 발생하기 마련이다.

이러한 관점에서 우리나라 사회복지가 앞으로 중요한 관심의 초점이 되는 것은 바로 자원봉사를 포함한 사회복지의 토착화 문제인 것이다. 우리 사회에 알맞는 사회복지프로그램을 개발하고 이론을 정립하는 일에 정진해야 할 것이다(全宰一 外 共著, 1998:415-416).

Ⅱ. 자원봉사의 전망

E. Fromm은 현대사회의 병리적 현상의 원인을 그의 저서 'To have or To be(소유냐 삶이냐)'에서 날카롭게 분석하고 있다. 그는 삶의 양상을 크게 소유양식과 존재양식으로 구분하고 현대인은 존재양식보다 소유양식에 더 깊이 침윤되어 있어 인간존재의 참 모습을 잃어가고 있음을 개탄한 바 있다.

현대사회를 산업사회라 일컬어지기도 한다. 산업화란 생산공정의 기계화를 바탕으로 한 사회의 경제화를 의미한다. D. Bell은 산업화란 경제화 사회로서 기능적 능률성의 원리에 의해서 조직·운영되는 사회라고 말하였다. 이러한 산업화는 정치적 민주화, 경제적 번영, 조직체계의 관료화 및 대중문화의 발전 등의 사회변동을 초래하였다.

경제와 기술을 중시하는 산업화의 진전은 인간에 있어서 물질적 풍요와 생활의 편리 등 순기능적으로 좋은 면도 있지만 반면에 그 역기능으로 극복되어야 할 많은 문제 곧 인간소외, 이기적인 개인주의, 환경파괴와 공해, 사회구조의 분화와 계층간 갈등, 생활규범의 상실과 가치관의 미정착 현상 등을 야기시키고 있다(韓國大學社會奉仕協議會, 1997:9-12).

산업화의 진전으로 등장한 사회문제들을 해결하고 미래사회에 능동적으로 대처하기위하여 사회구성원들의 자발적이고 성숙한 시민의식이 더욱 요구되는 터이다. 이러한 문제를 국가가 제도적으로 완전히 해결하는 것도 중요하지만 시민들의 자원봉사를 통하여 그 일부를 감당하는 것은 사회적 유대감과 시민사회의 형성을 위해서도 크게 도움이 되어 더욱 소중한 것이다.

모든 국가들은 복지사회를 지향하고 있으며 발전된 사회복지는 국민생활 전체의 향상을 전제하고 있다. 국민생활의 향상은 국민의 사회연대의식과 참여의식이라는 정신적 기반 위에서 달성될 수 있는 것이며 이 사회연대의식과 참여의식은 자원봉사라는 형태로 구체화되어 나타나는 것이다.

자원봉사활동에 참여한 개인은 타인과 협력하는 인간관계를 유지하여 자기발달과 성숙에 바탕이 되는 사회성을 기르게 되고 건전한 자아를 실현할 수 있게 되며 여가를 선용할 수도 있게 된다. 민주주의정신을 함양하고 유익한 체험을 통해 사회를 바르게 이해하게 되어 그야말로 신체적·정신적으로 건전한 전인적인 인간으로 성숙하게 된다.

미래사회는 자원봉사활동에 참여하는 사람이 더욱 증대되리라 전망된다. 타인에 대한 배려와 존중을 실천하고, 이웃과 더불어 함께 살아가는 사회를 만들기는 단순한 동정으로 이루어지는 것이 아니다. 이것은 공감하는 마음의 표현이며 공동체적인 삶의 고귀한 의무인 것이다.

❖ 참 고 문 헌 ❖

교육인적자원부 등 4개부처, 자원봉사활성화 추진계획(안), 2004.

교육부, 학생봉사활동 지도편람, 2000.

김영호, 자원복지의 이론과 실천, 현학사, 2003.

______, 自願福祉理論과 實際, 弘益齊, 1996.

______, "볼런티어활동의 필요성과 육성방안" 한국사회복지협의회, 자원봉사론, 1984.

원요한, 자원봉사론Ⅰ, 白山出版社, 2001.

全宰一 外 共著, 社會福祉論, 螢雪出版社, 1998.

조휘일, 현대사회와 자원봉사, 홍익제, 2002.

韓國大學社會奉仕協議會, 大學敎育과 社會奉仕, 1997.

현외성, 중고등학생자원봉사활동, 유풍출판사, 1996.

부 록

Ⅰ. 자원봉사활동기본법

법률 제7669호, 2005.8.4. 공포

제1조(목적) 이 법은 자원봉사활동에 관한 기본적인 사항을 규정함으로써 자원봉사활동을 진흥하고 행복한 공동체 건설에 기여함을 목적으로 한다.

제2조(기본방향) 자원봉사진흥정책은 다음 사항을 기본방향으로 하여야 한다.

1. 자원봉사활동은 국민의 협동적인 참여능력을 높일 수 있는 방향으로 추진하여야 한다.
2. 자원봉사활동은 무보수성·자발성·공익성·비영리성·비정파성·비종파성의 원칙 아래 수행될 수 있도록 하여야 한다.
3. 모든 국민은 연령·성별·장애·지역·학력 등 사회적 배경에 관계없이 누구든지 자원봉사활동에 참여할 수 있도록 하여야 한다.
4. 자원봉사진흥정책은 민·관 협력의 기본정신을 바탕으로 하여 추진하여야 한다.

제3조(용어의 정의) 이 법에서 사용하는 용어의 정의는 다음과 같다.

1. "자원봉사활동"이라 함은 개인 또는 단체가 지역사회·국가 및 인류사회를 위하여 대가없이 자발적으로 시간과 노력을 제공하는 행위를 말한다.
2. "자원봉사자"라 함은 자원봉사활동을 행하는 자를 말한다.
3. "자원봉사단체"라 함은 자원봉사활동을 주된 사업으로 행하거나 이를 지원하기 위하여 설립된 비영리 법인 또는 단체를 말한다.
4. "자원봉사센터"라 함은 자원봉사활동 개발·장려·연계·협력 등의 사업을 수행하기 위하여 법령과 조례 등에 의하여 설치된 기관·법인·단체 등을 말한다.

제4조(국가 및 지방자치단체의 책무) 국가와 지방자치단체는 자원봉사활동의 진흥에 관한 시책을 강구하여 국민의 자원봉사활동을 권장·지원하여야 한다.

제5조(정치활동 등 금지의무) ① 이 법 제14조·제18조 및 제19조에 근거하여 지원을 받는 자원봉사단체 및 자원봉사센터는 그 명의 또는 그 대표의 명의로 특정정당 또는 특정인의 선거운동을 하여서는 아니된다.
② "선거운동"이라 함은 「공직선거및선거부정방지법」 제58조 제1항의 규정에 따른다.

제6조(다른 법률과의 관계) 자원봉사활동 진흥 등에 관하여는 다른 법률에 특별한 규정이 있는 경우를 제외하고는 이 법이 정하는 바에 의한다.

제7조(자원봉사활동의 범위) 이 법의 적용을 받는 자원봉사활동의 범위는 다음과 같다.

1. 사회복지 및 보건 증진에 관한 활동
2. 지역사회개발·발전에 관한 활동
3. 환경보전 및 자연보호에 관한 활동
4. 사회적 취약계층의 권익증진 및 청소년의 육성보호에 관한 활동
5. 교육 및 상담에 관한 활동
6. 인권옹호 및 평화구현에 관한 활동
7. 범죄예방 및 선도에 관한 활동
8. 교통 및 기초질서계도에 관한 활동
9. 재난관리 및 재해구호에 관한 활동
10. 문화·관광·예술 및 체육진흥에 관한 활동
11. 부패방지 및 소비자보호에 관한 활동
12. 공명선거에 관한 활동
13. 국제협력 및 해외봉사활동
14. 공공행정분야 사무 지원에 관한 활동
15. 그 밖에 공익사업의 수행 또는 주민복리의 증진에 필요한 활동

제8조(자원봉사진흥위원회) ① 자원봉사활동에 관한 주요정책을 심의하기 위하여 국무총리 소속하에 관계부처 및 민간전문가로 구성된 자원

봉사진흥위원회를 둔다.

② 자원봉사진흥위원회는 다음 사항을 심의한다

1. 자원봉사활동의 진흥을 위한 정책방향의 설정 및 협력·조정
2. 자원봉사활동의 기본계획과 연도별 시행계획에 관한 사항
3. 자원봉사활동의 진흥을 위한 제도개선에 관한 사항
4. 그 밖에 자원봉사활동의 진흥에 관하여 필요한 사항

③ 제2항의 규정에 의한 심의사항을 미리 검토하고 관계기관간의 협의사항을 정리하기 위하여 자원봉사진흥위원회에 실무위원회를 둘 수 있다.

④ 자원봉사진흥위원회 및 실무위원회의 구성·조직 및 운영에 관하여 필요한 사항은 대통령령으로 정한다.

제9조(자원봉사활동의 진흥에 관한 국가기본계획의 수립) ① 행정자치부장관은 관계중앙행정기관의 장과 협의하여 자원봉사활동의 진흥을 위한 국가기본계획(이하 "기본계획"이라 한다)을 5년마다 수립하여야 한다.

② 기본계획에는 다음 사항이 포함되어야 한다.

1. 자원봉사활동의 진흥에 관한 기본방향
2. 자원봉사활동의 진흥에 관한 추진일정
3. 관계 중앙행정기관의 자원봉사활동에 관한 추진 시책
4. 자원봉사활동의 진흥을 위하여 필요한 재원의 조달방법
5. 그 밖에 자원봉사활동의 진흥을 위하여 특히 필요하다고 인정되는 사항

제10조(연도별 시행계획의 수립) 관계중앙행정기관의 장과 지방자치단체의 장은 기본계획에 따라 연도별 시행계획을 수립·시행하여야 한다.

제11조(학교·직장 등의 자원봉사활동 장려) ① 학교는 학생의 자원봉사활동을 권장하고 지도·관리하기 위하여 노력한다.

② 직장은 직장인의 자원봉사활동을 촉진하기 위하여 노력한다.

③ 학교·직장 등의 장은 학생 및 직장인 등의 자원봉사활동에 대하여 그 공헌을 인정하여 줄 수 있다.

제12조(포상) 국가와 지방자치단체는

국가와 사회에 현저한 공로가 있는 자원봉사활동에 대하여 대통령령이 정하는 바에 따라 포상할 수 있다.

제13조(자원봉사자의 날 및 자원봉사주간) ① 국가는 국민의 자원봉사활동에 대한 참여를 촉진하고 자원봉사자의 사기를 높이기 위하여 매년 12월 5일을 자원봉사자의 날로 하고 자원봉사자의 날부터 1주간을 자원봉사주간으로 설정한다.
② 자원봉사자의 날 및 자원봉사주간의 행사에 관하여 필요한 사항은 대통령령으로 정한다.

제14조(자원봉사자의 보호) ① 국가와 지방자치단체는 자원봉사활동이 안전한 환경 속에서 이루어질 수 있도록 노력하여야 한다.
② 자원봉사자에 대한 보험의 가입 등 보호의 종류와 내용에 관하여 필요한 사항은 대통령령으로 정한다.

제15조(자원봉사활동의 관리) 자원봉사단체 및 자원봉사센터는 자원봉사자에 대한 교육훈련 및 안전대책 등이 체계적으로 관리될 수 있도록 노력하여야 한다.

제16조(국, 공유재산의 사용) 국가와 지방자치단체는 국유재산법 또는 지방재정법의 규정에 불구하고 자원봉사활동의 진흥을 위하여 자원봉사단체 및 자원봉사센터가 대통령령이 정하는 특정사업을 수행하기 위하여 국, 공유재산을 필요로 한다고 인정하는 때에는 이를 무상으로 대여하거나 사용하게 할 수 있다.

제17조(한국자원봉사협의회) ① 자원봉사단체는 전국단위의 자원봉사활동을 진흥·촉진하기 위한 다음의 활동을 하기 위하여 한국자원봉사협의회를 설립할 수 있다.

1. 회원단체간의 협력 및 사업지원
2. 자원봉사활동의 진흥을 위한 대국민 홍보 및 국제교류
3. 자원봉사활동과 관련된 정책의 개발 및 조사·연구
4. 자원봉사활동과 관련된 정책의 건의
5. 자원봉사활동과 관련된 정보의 연계 및 지원
6. 그 밖에 자원봉사활동의 진흥

과 관련하여 국가 및 지방자치단체로부터 위탁받은 사업

② 제1항의 규정에 의한 한국자원봉사협의회는 법인으로 한다.

③ 한국자원봉사협의회는 정관을 작성하여 행정자치부장관의 인가를 받아 등기함으로써 설립된다.

④ 한국자원봉사협의회의 조직과 운영 등에 관하여 필요한 사항은 대통령령으로 정한다.

제18조(자원봉사단체에 대한 지원) 국가 및 지방자치단체는 자원봉사단체의 활동에 필요한 행정적 지원을 할 수 있으며 「비영리민간단체지원법」에 의한 사업비를 지원할 수 있다.

제19조(자원봉사센터의 설치 및 운영) ① 국가기관 및 지방자치단체는 자원봉사센터를 설치할 수 있다. 이 경우 자원봉사센터를 법인으로 하여 운영하거나 비영리 법인에게 위탁하여 운영하여야 한다.

② 제1항 후단의 규정에도 불구하고 자원봉사활동을 효율적으로 추진하기 위하여 필요하다고 인정할 때에는 국가기관 및 지방자치단체가 운영할 수 있다.

③ 국가는 자원봉사센터의 설치·운영이 활성화될 수 있도록 적극 노력하여야 하며, 지방자치단체는 자원봉사센터의 운영에 필요한 경비를 지원할 수 있다.

④ 자원봉사센터 장의 자격요건과 자원봉사센터의 조직 및 운영 등에 관하여 필요한 사항은 대통령령으로 정한다.

제20조(벌칙) 자원봉사단체 및 자원봉사센터가 제5조의 규정에 따른 정치활동 등 금지의무를 위반한 때에는 「공직선거및선거부정방지법」 제255조 제1항 제11호의 규정에 따른 벌칙을 적용한다.

부 칙

① (시행일) 이 법은 공포 후 6월이 경과한 날부터 시행한다.

② (사단법인 한국자원봉사협의회에 관한 경과조치) 이 법 시행 당시 「민법」 제32조의 규정에 의하여 설립된 사단법인 한국자원봉사협의회는 이

법에 의한 한국자원봉사협의회로 본다. 다만, 이 법 시행 후 6월 이내에 정관을 변경하여 행정자치부장관의 인가를 받아야 한다.

Ⅱ. 세계자원봉사선언

세계자원봉사연합회(IAVE)는 지난 1990년 9월 파리에서 열린 제11차 세계대회(9월 6일~9월 14일)에서 '세계자원봉사선언'을 채택 선포하였다.

1988년 제10차 워싱턴 세계대회에서 발의, 지난 2년 동안 선언문 기초위원회를 구성하여 각국 대표들의 의견을 수렴하고 종합하여 서문, 자원봉사 규칙, 선언 3개 부문으로 구성된 이 선언문은 자원봉사의 고귀한 정신을 바탕으로 자원봉사자의 권리와 책임을 아래와 같이 명시하였다.

1. 서 문

(1) 자원봉사자들은

1948년 세계인권선언과 1989년 아동권리협약의 정신에 크게 힘입어 변화하는 세계 속에서 그들의 헌신적 노력을 사회, 문화, 경제발전 및 환경개선을 위하여 쓰이는 도구로 여기며 자원봉사자 각 개인은 평화적 목적을 위하여 자유롭게 모이고 연합할 권리가 있다고 믿는다.

(2) 자원봉사를 하는 것은

- 각 개인의 자발적인 동기로 참여 하고 자유롭게 선택하고 결정하는 권리의 행사이다.
- 보다 적극적인 시민정신을 고취하고 지역사회에 참여하는 것이다.
- 개인 혹은 단체로서 활동하는 것이다.
- 인간의 잠재능력과 인간의 연대

의식을 강화시킴으로 우리의 일상생활의 질을 높인다.

- 보다 나은 보다 평화로운 세계건설을 목적으로 당면한 문제와 도전에 해답을 주기 위한 노력이다.
- 경제생활에 활력을 주며 직업과 새로운 전문성을 창출해 낸다.

2. 자원봉사의 기본원칙

(1) 자원봉사는 다음의 기본원칙을 준수해야 한다.

자원봉사자들은:

- 모든 인간은 성별, 연령, 인종, 종교의 차별 없이 또한 신체적, 사회적, 경제적 조건에 관계없이 자유롭게 연합할 권리가 있다는 것을 인정해야 한다.
- 인간의 존엄성과 인류문화를 존중해야 한다.
- 개인들이 모여 상호협력체를 만들거나 혹은 자원봉사기관에 속하여 보수없이 봉사를 제공한다.
- 일에 대한 정기적인 평가와 인정이 있어야 한다.
- 봉사활동 중에 일어날 수 있는 위험을 방지할 보호책과 적절한 격려와 피해보상에 대해 강구한다.
- 봉사자가 활동을 종결할 수 있는 조건을 미리 규정해 둔다.

3. 선 언

(1) 자원봉사자들은 자원봉사 행위가 창조적이고 화해하는 힘이라고 믿고 다음과 같이 선언한다.

- 자원봉사자는 모든 인간의 존엄성을 존중한다. 인간의 삶의 질을 향상시키고 시민으로서의 권리를 행사할 잠재능력을 존중한다.
- 여러 가지 사회문제를 해결하도록 돕는다.
- 보다 인간적이고 정의로운 세계를 건설하며 나아가서 국제적 협력을 강화한다.

그러므로 자원봉사자들은 사람들과 국가들 간의 결속의 상징으로 효과적인 자원봉사 행위가 유지되고 발전되는 세계적인 환경조성에 정부, 국제기구, 기업체, 언론 등이 우리와 함께 동참할 것을 요청한다.

- 지역사회의 욕구를 찾아내고 자

발적인 참여를 유도하여 문제를 해결한다.

- 자원봉사를 통하여 자아성장을 꾀하고 새로운 기술과 지식을 익히며 잠재력을 개발하고 자립심과 창의력을 키움으로써 문제의 해결에 적극적인 역할을 행사한다.
- 사회적 책임을 깨달음으로써 가족공동체, 나아가서는 사회, 국가공동체를 건설한다.

(2) 이상의 기본원칙에 따른 자원봉사자가 해야 할 일들

- 집단 안에서 개인이 헌신할 수 있도록 격려한다.
- 조직의 목적, 목표, 정책을 충분히 알고 지지하여 조직의 힘을 적극적으로 강화해 나간다.
- 각자의 적성과 가능한 시간을 고려하여 적합한 일을 맡아 이를 책임있게 수행하도록 한다.
- 조직 내의 다른 구성원들과 상호이해와 존중을 통하여 협력해 나간다.
- 훈련을 받는다.
- 활동 중에 알게 된 비밀은 반드시 지킨다.

(3) 기관은 자원봉사자의 인권과 기본수칙을 고려하여 다음 사항을 지킨다.

- 각자에게 알맞은 일을 맡기며 적절한 훈련기회를 제공한다.

Ⅲ. 세계자원봉사헌장

자원봉사는 시민사회 구축에 있어 기초적인 열망이다. 이는 인류의 가장 고귀한 열망인 균등한 평화, 자유, 기회, 안정, 정의의 추구에 생명

력을 주는 것이다.

세계화와 끊임없는 변화의 시대에 세계는 더 좁아지고, 상호 의존적이고도 복잡해지고 있다. 개인 혹은 단체의 자원봉사 활동은 다음을 가능하게 할 수 있는 길이다.

지역사회, 상호관심, 봉사의 인간적인 가치가 지지를 받고 강화될 수 있다.

개인은 일생을 통해 배우고 성장하며 자신의 모든 잠재력을 실현시키는 한편, 지역사회의 한 성원으로서 자신의 권리와 책임을 행사할 수 있다.

우리를 분리시키는 차이점을 해소하고 연결시켜 건강하고, 견고한 지역사회 내에서 공통의 도전에 대한 혁신적인 해결책을 제시하고 우리의 집단 운명을 형성하기 위해 함께 노력하면서 살 수 있게 한다.

새 천년을 앞둔 이때 자원봉사활동은 모든 사회에 필수적인 요소이다. 이는 "우리, 시민이" 세상을 바꿀 힘을 가지고 있다는 UN의 선언을 실용적이고도 효과적인 행동으로 변화시킨다.

이 헌장은 남녀 노소 모든 사람들이 자유롭게 연합하고 그들의 문화적 민족적 배경, 종교, 나이, 성, 신체, 사회 경제적인 조건에 무관하게 자원봉사 할 수 있는 권리를 지지한다. 세계 모든 사람들은 금전적인 보상에 대한 기대 없이 자유롭게 그들의 시간, 재능, 에너지를 타인과 지역사회에 개인 혹은 집단행동으로 제공할 권리를 가져야 한다.

우리가 개발하고 추구하고자 하는 자원봉사활동은 다음과 같은 것이다.

- 지역사회의 문제를 발견하고 제시하는 과정에 전체 지역사회의 참여를 끌어내는 자원봉사
- 자신의 권리를 대변할 수 없는 자들에게 발언권을 제공하는 자원봉사
- 타인을 자원봉사자로서 참가하게 하는 자원봉사
- 다른 부문의 책임감 있는 행동이나 유급 직원들의 노력을 대체하는 것이 아니라 보충하는 자원봉사
- 봉사자들이 새로운 지식이나 기술을 습득하고 개인적인 잠재력, 자기 신뢰감, 창의력을 최대한 개발하게 하는 자원봉사

- 가족, 지역공동체, 국가, 세계적인 연대를 증진하는 자원봉사

우리는 자원봉사자들과 그들이 봉사하는 조직과 지역사회는 다음과 같은 책임이 있음을 믿는다.

- 자원봉사자들이 협의된 결과를 얻을 수 있도록 도와주는 의미 있는 일들을 할 수 있는 환경을 만든다.
- 조직과 봉사자 헌신의 제한조건을 포함한 자원봉사자 참여의 기준을 정하고, 자원봉사 활동을 안내할 정책을 개발한다.
- 봉사자와 봉사의 수혜자에게 위험에 대비하여 적절한 보호를 제공한다.
- 자원봉사자들에게 적절한 훈련, 규칙적인 평가와 인정을 제공한다.
- 신체적, 경제적, 사회적, 문화적인 장벽을 제거하여 모든 사람들이 참여할 수 있는 방법을 보장한다.

UN 인권헌장에 표현된 기본인권, 자원봉사활동의 원칙과 자원봉사자와 그 조직의 책임을 고려하여 우리는 다음을 요구한다.

모든 자원봉사자들이 자원봉사활동은 창의적이고 중재적인 힘이라는 신념을 선언한다. 그 힘은 모든 사람들의 위엄을 존중하는 건강하고 견고한 지역사회를 세우며, 사람들이 인간으로서의 권리를 행사하여 그들의 삶을 개선하게 만들며, 사회적, 문화적, 경제적, 환경적인 문제를 해결하는 것을 도와주며, 국제적인 협력을 통해 더 인간적이고 정의로운 사회를 세운다.

지도자로서 모든 부문의 지도자들은 일차적인 자원봉사 지도기관으로서 강력하고, 가시적이며 효과적인 지역, 전국적인 "자원봉사센터"를 만들기 위해 협조한다.

정부 지도자들은 모든 사람들의 자원봉사할 권리를 보장하고, 이들의 참여를 막는 어떠한 법적인 장벽이라도 제거하며, 자원봉사자들을 그 활동에 종사하게 하며, NGO기관에 자원을 제공하여 효과적인 자원봉사자 동원과 관리를 후원한다.

기업의 지도자들은 직원들이 자원봉사자로서 지역사회에 참여하도록 격려하고 촉진하며, 자원봉사활동을 지원하는데 필요한 하부구조를 개발하기 위한 인적, 재정적 자원을 기

부한다.

언론의 지도자들은 자원봉사자의 사례를 알리고 사람들을 참여하도록 격려하고 도와주는 정보를 제공한다.

교육계의 지도자들은 모든 연령층이 그들의 봉사를 반성하고 학습할 기회를 만들어 자원봉사 하도록 격려하고 지원한다.

종교계의 지도자들은 자원봉사활동이 섬김의 영적인 부름에 대한 모든 사람들의 적절한 반응임을 인정한다.

NGO지도자들은 자원봉사자 친화적인 조직 환경을 만들고, 자원봉사자를 효과적으로 활용하는데 필요한 인적, 재정적인 자원을 투자한다.

UN은 자유사회의 제도를 강화할 필요성을 인정하여, 이번 십년을 "자원봉사자와 시민사회의 십년"으로 선언한다.

IAVE의 상징인 "Red V"를 자원봉사의 세계적인 상징으로 사용한다.

2001년 1월, 암스테르담 16차 IAVE 세계대회에서 IAVE 국제이사회 채택.

찾아보기

다·라

마

바

사

아

자

차·카

타

파

하

E.I.

【著者略歷】

大邱敎育大學
大邱大學校 社會福祉學科
大邱大學校大學院 社會福祉學科
現, 大邱科學大學 幼兒敎育科 敎授

〈著書〉 兒童福祉論(培英出版社)
아동보육론(동문사)

자원봉사론

인 쇄 / 2006년 1월 10일
발 행 / 2006년 1월 15일

저 자 / 김 의 영
발행인 / 김 창 석
발행처 / 홍 익 출 판 사

대구광역시 중구 삼덕 3가 245-2
(053)423-5965 · 427-3627
등록 1987년 11월 26일 제1-107호

정가 13,000원

ISBN 89-7826-150-7 93330

◈ 파본은 구입처에서 교환해 드립니다.